デザインフル・カンパニー

THE DESIGNFUL COMPANY
by Marty Neumeier

Authorized translation from the English language editon, entitled
DISIGNFUL COMPANY, THE: How to Build a Culture of Nonstop Innovation,
1st Edition, ISBN: 9780321580061 by Neumeier, Marty,
published by Pearson Education, Inc., publishing as Peachpit Press,
Copyright ©2009 by Marty Neumeier.
All rights reserved. No part of this book may be reproduced
or transmitted in any form or by any means,
electronic or mechanical, including photocopying,
recording or by any information storage retrieval system,
without permission from Pearson Education, Inc.
Japanese language edition published by Umitotsukisha Co., Ltd.,
Copyright ©2012
Japanese translation rights arranged with Pearson Education, Inc.,
publishing as Peachpit Press through The English Agency (Japan) Ltd.

デザインフルな娘、サラに

はじめに

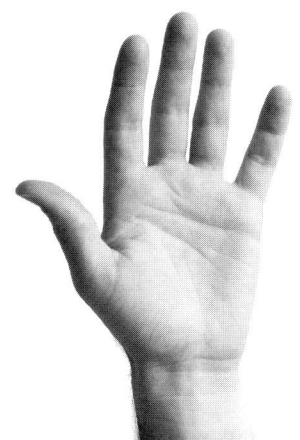

ビジネスの未来へようこそ。あなたがグローバル企業のＣＥＯであれ、スタートアップ企業の新人であれ、本書にある原則は、あなたが変化という力強い流れに乗る助けとなるだろう。

　この本をいまさら宣言(マニフェスト)と銘打つつもりはない。すでに革命ははじまっているからだ。だが本書は、あなたを絶え間ない革新(イノベーション)という刺激的な世界へと案内するはずだ。

　私のホワイトボード式概説本の第１弾、『ブランドギャップ』（トランスワールドジャパン）では、ビジネス戦略と顧客経験価値(カスタマーエクスペリエンス)のあいだの隔たりを、たがいに関連のある５つのルールでつなぐ方法を紹介した。２作目の『ザグを探せ！』（実務教育出版）では、その５つのうち、第１のもっとも戦略的なルールである「過激な差別化」を深く掘り下げた。今回、この『デザインフル・カンパニー』では、創造的協力(クリエイティブ・コラボレーション)の可能性を最大限に生かして会社を変貌させる方法を伝授しよう。

　読者の時間が貴重なことは承知しているので、今回も私の考えは短い「機内本」形式、すなわち移動中に短時間で読めるが、この先何年も役立つ確かな洞察が伝わるようにデザインした。

　あなたが自分自身、自分の会社、そして私たちが地球と呼ぶ小さなコミュニティのために胸おどる未来をデザインするのを、私は見守っている。

　　　　　　　　　　　　　　マーティ・ニューマイヤー

CONTENTS

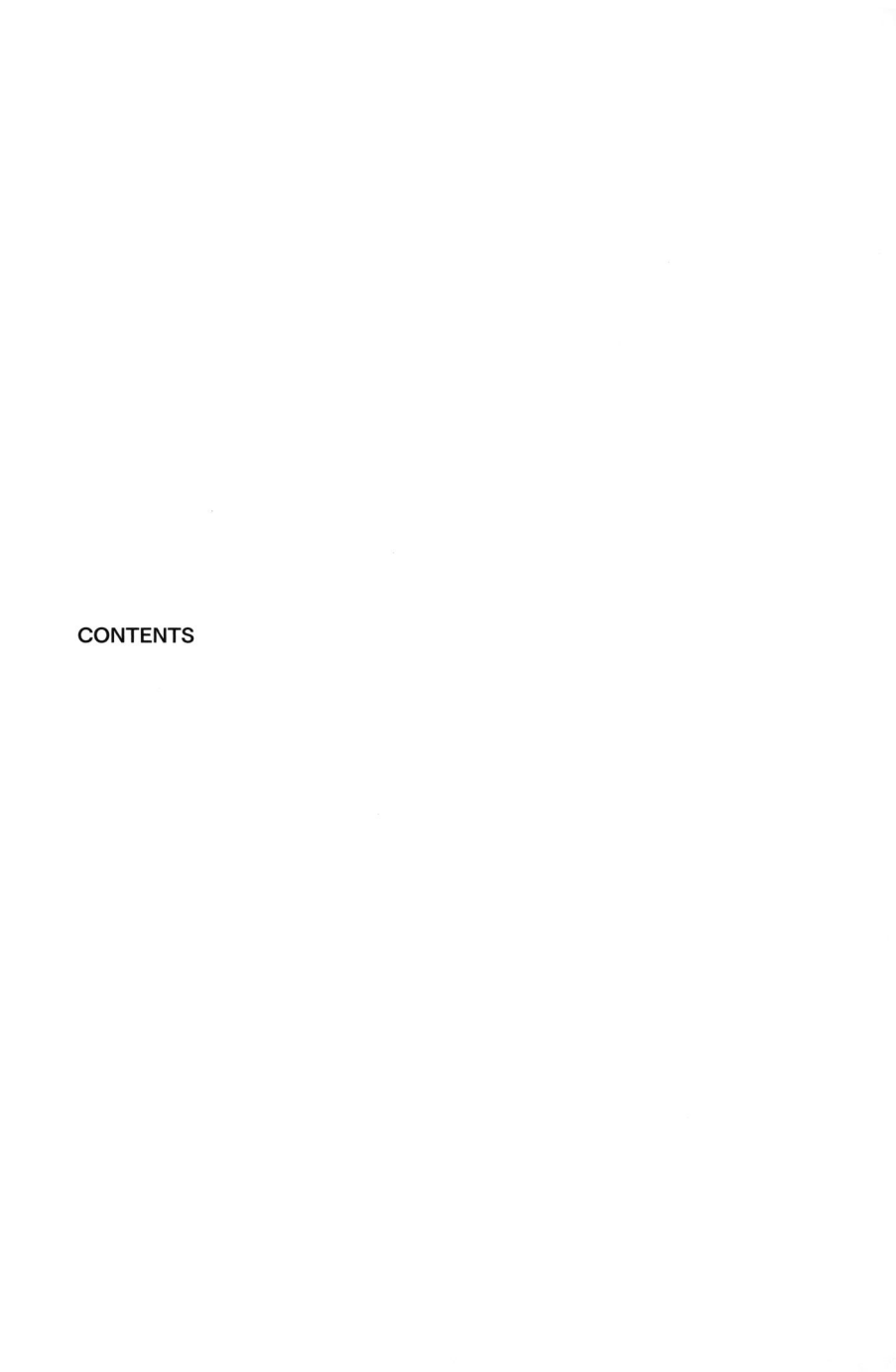

イントロダクション ……10
「厄介な問題」の時代に
「効率優先」は過去のもの
デザイン抜きに真のイノベーションは生まれない
なぜ「デザイン」がカギなのか？
カリスマブランドをめざせ
「意志の力」ではなく「デザイン精神(マインド)」を培う
環境保護は金になる
スプレッドシート思考の限界

**PART1
デザインの力** ……40
「ポスターとトースター」を超えて
デザイン思考の４つの特徴
未知に挑め
「第３の脳」を使え
知る、つくる、する
イノベーションは文化から
デザイン・レバレッジの梯子

**PART2
美学の復活** ……78
よい経営は美しい
自然の美と機能
よいデザインには徳がある
深くデザインする

**PART3
変化を生むレバー** ……92
イノベーションを勢いづけるてこ(レバー)
レバー１：胸が高なるビジョンを掲げる
レバー２：豊かなストーリーを語る
レバー３：イノベーションセンターを組織する
レバー４：社内にデザインマネジメントを確立する
レバー５：メタチームを編成する
レバー６：「コンサーティーナ方式」で協力する
レバー７：パラレル思考を導入する
レバー８：パワーポイントを禁止する
レバー９：どんなアイデアも受け入れる
レバー10：大きく考え、小さく費やす
レバー11：新しい測定基準をデザインする
レバー12：ブランドトレーニングを導入する
レバー13：買収された会社に学ぶ
レバー14：会議の場に席を追加する
レバー15：卓越した才能を表彰する
レバー16：あえて厄介な問題にチャレンジさせる
デザインフル・カンパニーはこうなる

おぼえておきたいポイント ……166
優れた解決策 ……180
推薦図書 ……182
本書の背景 ……197
謝辞 ……200

美はすべての機能するデザインから現れる。
——バックミンスター・フラー

イントロダクション

「厄介な問題」の時代に

　工業化時代の考え方からは、高品質の製品を手ごろな価格で大量生産する力といった、すばらしい能力が生まれた。しかしその考え方のせいで私たちは、ソーシャルプランナーのホルスト・リッテルの言う「厄介な問題」にからめとられてもいる。

　それらの問題は持続的で、蔓延していて、しかもとらえにくいので、とても解決できそうにない。数学やチェス、あるいは原価計算のように比較的扱いやすい問題とは違って、「厄介な問題」は解決しようとするたびに困った変化を見せる。しかも、解決策に「正しい」「間違っている」はなく、ただ「ましになる」か「よけいひどくなる」だけだ。

　世界の厄介な問題は、ピラニアのように群がってくる。その一覧はご存じだろう。汚染、人口過剰、減少する天然資源、地球温暖化、テクノロジー戦争、力の配分が偏っているせいで放置される膨大な無教育層や第三世界の飢餓。

　ビジネスの世界でも、経営者たちが彼らの「厄介な問題」に直面している。恐ろしいほど速い変化、何でも知っている顧客、細分化された市場、強欲な株主、不実な社員、規制の締めつけ、失うものがない必死な国際的競合他社による価格への圧力。

　2008年、わが社ニュートロンとスタンフォード大学は、トップ経営者1500人を対象に調査を行ない、現在、会社を悩

厄介な問題[*]
ニュートロン社とスタンフォード大学による2008年の調査

1　長期目標と短期需要のバランスをとること
2　革新的コンセプトに対する収益を予測すること
3　加速する変化と同じスピードでイノベートすること
4　世界クラスの人材の争奪戦に勝つこと
5　収益性と社会的責任を両立させること
6　コモディティ化産業における利益を守ること
7　サイロ（組織の縦割り構造）を超えた協力によって
　　成果を増やすこと
8　未開拓の儲かる市場空間を見つけること
9　環境持続可能性という難題に取り組むこと
10　戦略とカスタマーエクスペリエンスを整合させること

＊厄介な問題とは、持続的で、蔓延していて、とらえにくいため、
　解決不能と思える難問のことである。

ませているもっとも厄介な問題を挙げてもらった。結果のリストには、利益や成長にまつわるなじみの問題と同時に、これまで企業のレーダー画面には現れなかった懸念事項が挙がっていた。戦略とカスタマーエクスペリエンスを整合させること、環境持続可能性(エコサステナビリティ)への取り組み、縦割り構造(サイロ)を超えた協力、社会的責任を引き受けることなどだ。リーダーたちが挙げた厄介な問題の第1位は、長期的目標と短期的需要との対立だった。

　20世紀には、こうしたことが経営者たちの関心事でなかったのは間違いない。20世紀の経営者が最後に夢中になったのは「シックス・シグマ」だった。これは、W・エドワーズ・デミング博士と、第二次世界大戦後に彼が日本人と行なった活動に触発された、総合品質管理運動だ。

　シックス・シグマが大きな成功をおさめた結果、品質は事実上、普及品(コモディティ)となった。いまや顧客はすべての製品とサービスが信頼できるはずだと考えていて、1社だけが優位に立つことはむずかしくなっている。

　残念ながら、デミングの哲学のより進歩的な要素は、「有意義なもの」より「測定可能なもの」を優先するビジネスの考え方に、ほとんど黙殺されたのだった。

「効率優先」は過去のもの

　まわりを見れば、いまの企業とブランドは、疑い深い顧客や上の空の従業員、不信感に満ちたコミュニティに囲まれている。こうした問題は、真の人間性を欠いた時代遅れの経営スタイルから生まれたとみていい。

　20世紀の経営の模範となったのは、ルネサンス期の自由なヒューマニズムではなく、組み立てラインの冷たい機械、つまりレーザー並みの焦点で富の製造に応用されたニュートン科学だった。組み立てラインでは、道徳、感情、人間らしい願望があえて無視された──そのほうが競争相手と顧客を負かして会社が勝つには好都合だからだ。

　だが、ビジネスはもともと、機械的なものではなく、人間のものだ。

　今日、私たちは血の通わないイノベーションはつまらないと気づきつつある。美学のない製品は魅力がない。意味のないブランドは好ましくない。倫理のないビジネスは持続不可能だ。

　私たちをここまで連れてきた経営モデルは、この先に進むにはパワーが不足している。成功するためには、新しいモデルをつくって、勝ち負けにこだわる組み立てラインを、誰もが勝利者となるネットワークに置き換えなくてはならない。

2006年、フォード・モーターが14工場の閉鎖と34,000人の人員削減計画を発表した際、会長のビル・フォードは意義深い発言をした。「もう昔のやり方でゲームをつづけることはできない。今後、わが社の車は、単に生産性を高めるためでなく、顧客を満足させるために設計(デザイン)していく」

　しかし、それでは足りないし、いかにも遅すぎた。フォードがこの解決策を考え出しているあいだ、トヨタはもう何年間も顧客を満足させていた。

　過去1世紀にわたり、私たちは生産性の向上に努め、効率という基本理念に微調整を加えつづけてきた。そんな継続的改善の頂点がシックス・シグマだが、ウォールストリート・ジャーナル紙に掲載された、経営コンサルティング会社クオルプロによる2006年の研究では、シックス・シグマ採用を発表した大企業58社のうち、91パーセントが株価指数S&P500を下まわっていた。

　私たちはひとつの経営モデルに習熟してきたが、そのモデルはどんどん見当違いになっているのだ。

デザイン抜きに真のイノベーションは生まれない

　シックス・シグマで均質化されたこの時代においては、もう改善するだけでは十分ではない。必要なのは、違いを生み出すこと。それもただ違うのではなく、まったく違っていなければならない。

　『ザグを探せ！』で私は、過激な差別化をつくり出す17段階のプロセスを提案した。市場の氾濫(クラッター)のなかで会社、製品、ブランドが目立つには、差別化が不可欠だ。かつてない市場の氾濫の結果、差別化は最強のビジネス戦略となった。イノベーションが何より役に立つのも、この差別化においてだ。

　では、イノベーションが差別化を推進させるとしたら、イノベーションを推進させるのは何か？　ふだんの風景のなかに潜んでいる答え、それは、デザインだ。デザインにはさまざまな技能が含まれる。たとえば、実現可能な未来を具体化する、刺激的な製品を考案する、顧客との懸け橋を築く、厄介な問題を解決する、など。つまり、もしあなたが革新(イノベート)したいなら、着手すべきはデザインなのだ。

ここで、ビジネススクールで学んだことがすべて逆であるか、時間的に逆行している、奇妙な世界を想像してほしい。

　そこでは顧客が会社をコントロールし、仕事は自己表現の手段であって、競争障壁は自由にならず、製品をデザインするのはよそ者で、特徴は少ないほうがよいとされる。広告は顧客を遠ざけ、人口統計は当てにできず、売ったものは回収し、最良事例(ベストプラクティス)は生まれたときには陳腐化している。意味がものをいって、金の出る幕はなく、安定は幻想でしかない。才能が従順にまさり、想像が知識をしのぎ、共感が論理を打ち負かす。

　ふだんから注意深い人なら、こんな「不思議の国のアリス」的シナリオを想像するまでもない。そういう状況が自分を取り巻いているのに気づいているからだ。問題はただ、その状況を最大限に活かせる速さでビジネスを変えられるかどうかだ。

　シックス・シグマを確実に王座から追放する経営革新、それはデザイン思考だ。デザイン思考はあなたの会社のマーケティング部門に行きわたり、研究開発（R&D）部門に浸透し、プロセスを変革して、文化を活性化する。財務を鞭打って創造性と手を組ませ、ウォール街の奥まで達して投資のルールを変えるだろう。

もしあなたが

イノベートしたいなら、

着手すべきは

デザインだ。

なぜ「デザイン」がカギなのか？

　デザインという分野は、ほぼ1世紀にわたって脇役や代役に追いやられたまま、舞台の袖で辛抱強く待ちつづけていた。企業はこれまでデザインを、アイデンティティとコミュニケーションのための美容サロン、もしくは新製品の発売前の仕上げ場所として使ってきた。既存のルールを変える全面的イノベーションを生み出す可能性を買われたためしなどない。ところが一方で、デザインに対する人々の欲求は、ますます高まっている。

　ケルトン・リサーチの調査によると、アメリカ人の10人に7人が、最近の衝動買いで決め手となったのはデザインだったと答えている。とくに若年層（18歳〜29歳）ではデザインの影響が顕著だった。若者の4人にひとり以上がアメリカのデザインの水準に失望し、たとえば車は25年前のデザインのほうがよかったと述べている。

　英国のデザイン・カウンシルの委託による最近の調査によれば、英国企業の16パーセントが、成功のカギを握る要因のトップにデザインを挙げていた。「急成長」企業の場合では、なんと47パーセントがデザインを成功要因の筆頭に挙げている。

　急激に高まるデザインの需要は、先進国の職業形態の大転換から生じている。いまやさまざまなかたちの創造性（クリエイティビティ）が、経済成長をもたらす第1の原動力となっている。トロント大学の

リチャード・フロリダ教授の言う「クリエイティブ階級」は、現在3,800万人、アメリカの労働人口のじつに30パーセント以上を占める。

マッキンゼー・アンド・カンパニーのローウェル・ブライアンとクラウディア・ジョイスは、この数字を、わずかに少ない25パーセントとしている。彼らによると、金融、医療、ハイテク、製薬、メディア、エンタテインメントといった産業で、クリエイティブ職は変化の担い手、無形資産の生産者、会社の新しい価値の創造者の役割を果たしているという。

「革新的デザイン」という言葉を聞いたとき、あなたは何を思い描くだろう？　iPhone？　プリウス？　任天堂Wii？　たいていの人はそんなテクノロジー関連の製品を思い浮かべるはずだ。だが、技術的であるか否かを問わず、製品だけがデザインのもつ可能性ではない。デザインは「広告と製品(ポスター　トースター)」のものから、プロセス、システム、そして組織を含むものへと急速に移行しつつあるのだ。

20世紀なかばのビジネスの導師(グル)で、シックス・シグマという着想の生みの親であるデミング博士は、品質管理(クオリティコントロール)にとどまらない遠大な構想をいだいていた。彼の思想を錆びついた遺物と考える向きもあるだろう。しかし、それはいまなお、現代の基準に照らしても驚くほど先進的だ。

彼が唱えた有名な「深遠なる知識の体系(システム)」は、経営者たちに自身が属するシステムの外で考えさせる試みだった。そこで挙げられた、企業の「命とりになる病気」のリストには、目的の欠如、経営の流動性、短期的利益の重視などが含まれている（どれにもなじみがあるのでは？）。問題解決の際にテクノロジーに頼りすぎることも、この病のひとつだ。

　デミングの病の特効薬となるのは、「厄介な問題」の場合と同じ、デザインだ。それは会社という車のアクセルであり、継続的利益を生む動力だ。デザインがイノベーションを推進し、イノベーションがブランドに力を与え、ブランドが忠誠心(ロイヤルティ)を築き、ロイヤルティが利益を持続させる。

　長期的利益を求めるなら、テクノロジーからはじめてはならない——デザインからはじめることだ。

```
      ┌──→ 利 益 ──→
      │
      └── ロイヤルティ ←──┐
                         │
       ┌──→ ブランド ──┐
       │              │
       └── イノベーション ←┐
                          │
         ──→ デザイン ────┘
```

カリスマブランドをめざせ

　ビジネスの成功を形づくる主な成分はふたつしかない。ブランドと、その提供だ。ほかの活動——財務、製造、マーケティング、販売、コミュニケーション、ヒューマン・リレーションズ、投資家向け広報(インベスター・リレーションズ)は、どれも副次的な成分だ。

　私の最初の著書『ブランドギャップ』では、ブランドを「製品、サービス、会社に対する消費者の直感である」と定義した。そしてブランドの財務上の価値がどこに由来するかを示し、模倣ブランドとカリスマブランドとの違いを明らかにした。カリスマブランドは利益率の向上を後押しする。顧客はそのブランドに代わるものはないと信じているからだ。こうして価格破壊の時代に、突破不可能な競争障壁が築かれる。

　ウィンドウズ誌の元編集者マイク・エルガンは、平凡なブランドとカリスマブランドの違いをふたつの簡潔な文で説明した。「マイクロソフトのCEO、スティーブ・バルマーは、"私はこの会社を愛している！"と叫ぶ馬鹿げたビデオで有名だ。アップルの場合は、顧客がそう叫ぶ」

　ビジネスウィーク誌のトップ100社調査で、マイクロソフトのブランド価値が時価総額のわずか17パーセントだったのに対し、アップルのそれが堂々の66パーセントだったのも、これで説明がつくだろう。

顧客ロイヤルティと利益率の関係は十分に立証されているから、多くの企業がいわゆるロイヤルティプログラムに手を染め、インセンティブや契約を使って顧客を「縛りつけて」きた。このとき問題となるのは、顧客は縛られるのが好きではないということだ。縛りつければ忠誠心が失われる。しかも、ロイヤルティプログラムは管理費がかさむし、真似されやすい。

　ロイヤルティプログラムは、根深い問題への応急処置にすぎない。提供されるもの自体に人の心をつかむ力がなければ、顧客は選択肢を広く保ちたくなる。

　前世紀には、わずかなブランドロイヤルティでも大きな役割を果たしていた。忠誠心とされたものはただの無知だったことも多い。ほかの選択肢がわからなければ、顧客は不満があっても知っているものを選ぶ。ブランド評価の低い現在のマイクロソフトは、そのやり方で利益をあげた最後の大企業かもしれない。だが新世紀では、顧客の無知に頼って競合他社に勝つのは無理だろう。

　自発的なロイヤルティを育むブランドを築きあげるには、グーグルのやり方にならったほうがいい。デザインを使って、顧客の喜ぶ差別化された製品やサービスを創出するのだ。

I'm Feeling Lucky

d × d = :D

DIFFERENCE　　　　DESIGN　　　　　DELIGHT
違い　　　　　　　デザイン　　　　喜び

顧客に喜びを届けられれば、コスト高で関係を損なうロイヤルティプログラムに用はない。自然に湧きおこる忠誠心が人工的な忠誠心に勝つのは世の常だ。
　ブランド構築(ビルディング)で大きな課題となるのは、複雑な組織に大胆なアイデアを実行させることだ。単純な話だが、これがむずかしい。まず、正しいアイデアを見つけて明確に表現しなくてはならない。つぎに、数百、あるいは数千の人たちに、そのアイデアに一体となって取り組んでもらわなければならない。さらに、そのアイデアを市場の求めに応じて更新し、ふくらませ、入れ替えなくてはならない。
　このチャレンジに対する強烈な逆風がふたつある。市場の極端な氾濫と、容赦ない変化のスピードだ。氾濫の対抗手段となるのは過激に差別化されたブランドであり、変化の解毒剤は組織の俊敏性(アジリティ)だ。ビジネスがもっとゆっくり進められていたころ、俊敏性は火急の課題ではなかったが、2008年には「厄介な問題その3」として浮上した。企業はいまや革新的であると同時に、敏速で順応性が高くなければならないのだ。

「意志の力」ではなく「デザイン精神(マインド)」を培う

　今日のビジネス界に、安全地帯はない。古くからの競争障壁（工場の所有、資本調達力、技術の特許、規制による保護、流通支配、顧客の無知）は、急速に崩れつつある。イノベーションが相次ぐダーウィン的進化の時代では、コモディティ化するか変革を起こすか、ふたつにひとつだ。

　明らかに変化の犠牲となったのが、今世紀初頭のコダックだった。同社は特許、流通経路、圧倒的な市場シェアを所有することでフィルムおよびカメラ事業を守っていたが、デジタル写真の着実な発展の前では、どれも意味をなさなくなった。革命が迫っているのは前々からわかっていたはずなのに、コダックは自社の文化、つまりコモディティ化するフィルム事業から収益を絞り出すという文化から抜け出せずにいた。

　2004年にはカメラ市場でのシェアが17パーセントまで落ちこんだが、デジタルカメラが最初に登場したのは、その15年も前のことだった。

なぜ企業は、きまって危機に追い立てられないと変化を起こせないのか？　先手を打って変化するのは不可能なのか？　市場のスピードについていくのに必要な継続的変革を阻むのは何なのか？

　企業は「意志の力」でみずから機敏になることができない。俊敏性は創発特性［訳注：要素が集合して全体になったときに現れる特性］だ。つまり、俊敏性が現れるのは、組織全体に正しい考え方、正しいスキル、そうしたスキルを協力によって増幅させる力がすべてそろったときなのだ。俊敏性を中核能力（コアコンピタンス）とみなすのなら、それを会社の文化に埋め込まなくてはならない。企業全体で斬新な発想を求めるよう奨励しなくてはならない。会社をつねに創意あふれる状態に保たなくてはならない。

　会社に創意を注入することはできる。だがそれと、創意を土台に会社を築くのとはまったく別の話だ。

　俊敏性を求めて組織化するには、社内に「デザイン精神（マインド）」を培わなくてはならない。デザインマインドがあれば、会社、産業、世界が直面する厄介な問題に対し、もっとも幅広い解決策を考案する力がもたらされる。

　「新たな療法を用いぬ者は、新たな害悪を予期せねばならぬ」とサー・フランシス・ベーコンはルネサンス期に警告し、こう続けた。「時はもっとも偉大な革新者であるからだ」

　アーメン。

環境保護は金になる

　必要は発明の母と言われる。だが、私たちがこのまま中毒性のモノの山をつくりつづけたら、そのうち発明が必要の母となるかもしれない。天然資源が底をつき、もはやこの惑星には住めなくなる。厄介な問題トップ10リストで、環境持続可能性は第9位に食いこんでいる。私の勘では、このまま急上昇してトップ3に落ち着くだろう。

　消費主義の問題は、欲望を生み出すことではなく、欲望を完全には満たせないことにある。欲望は人間の基本的衝動だ。ただし、私たちの欲望には、気分よくものを買うことも含まれる。オンラインマガジンであるワールドチェンジング・コムのアレックス・ステフェンの言葉を借りれば、私たちは「やましさのない豊かさ」を求めてやまない。

　これとデザインはどこで関係してくるのか？　すべてにおいてだ。汚染や資源枯渇の問題に対する解答は、政治家からは得られない。答えを出すのは、創意あふれる科学者や研究者、エンジニア、建築家、プランナー、起業家だ。彼らの多くには利潤という動機がある。

　ここで思考実験として、将来、どの企業も自社製品をすべて回収するよう義務づけられたと想像してほしい。各社の行動はどう変わるか？　手始めとして、製品の部品を再利用(リユース)できるも

のにするだろう。すると、再利用可能な材料のデザインに特化した産業が次々に生まれる。企業は製造原価をカバーしようとするので、製品やサービスの価格が上がる。価格を抑えるために、企業は事業を地方に分散させ、輸送費の節約に努める。ビジネスの地域化によって、各コミュニティの特性が変化し、工業化時代よりも農耕時代に近い擬似独立型経済のネットワークが形成されるだろう。

　このように、ごみ減量化への取り組みから生じるドミノ効果で、私たちの商環境は見違えるほど変化する。さらに多くの厄介な問題が生まれるかもしれないが、さらに多くの機会も創り出されるだろう。

　いまも農耕時代の色がはっきり残っているフランスでは、大規模なボワセ・ワイン醸造所が昔ながらのやり方にふたたび価値を見出している。ディーゼルエンジンの重量トラクターに代えて馬で鋤を引き、草を食む羊に堅く痩せた表土を回復させているのだ。一方、新しいテクノロジーの価値にも気づき、コルクとガラス瓶というフランスの伝統に反する、再生可能(リサイクル)なテトラパック入りのワインを出荷して、輸送時の重量と製造費を低減(リデュース)している。

　ドイツでは、フォルクスワーゲンが、企業の責任は配送センターで終わらないことを身をもって示している。同社はすでに、

85パーセントがリサイクル可能で95パーセント再利用可能な車を販売しているし、ゼロ排出(エミッション)カーも製造している。これは化石燃料の代わりに燃料電池と12個のバッテリー、それにソーラーパネルで動く車だ。

欧州連合（EU）も「20／20構想」を発表した。2020年までに、加盟国のエネルギー消費に占める再生可能資源の割合を20パーセントにしようというものだ。これを太陽エネルギーでまかなうとしたら、現在の年間生産高の25倍の太陽光パネルが必要となる。

シリコンバレーのアプライド・マテリアルズが、これを補完できる展望を示している。2011年までに、自社製の太陽電池製造装置が、世界のソーラーパネルの4分の3をつくるのに使われるだろう、というのだ。

アメリカの家具メーカー、スチールケースは現在、廃棄物対策の一環として、ほぼ100パーセント修理およびリサイクル可能な椅子、「シンク」を販売している。さらに、3種類のエ

場を世界各地に設置し、輸送費を抑えると同時に地元経済(ローカルエコノミー)を支援している。

巨大企業のゼネラル・エレクトリック（GE）はかつて、有害な化学物質をハドソン川に廃棄したせいでペナルティボックス送りとなった。今日、同社は年間10億ドル近くを環境にやさしい(エコフレンドリー)技術の研究に投じ、エネルギー効率の改善や水源の脱塩、脱化石燃料依存に努めている。

動機？　利潤だ。CEOのジェフリー・イメルトいわく、「環境保護は金のなる木である」[訳注：ドル紙幣が緑色であることから、グリーンには「金」の意味もある]。

環境持続可能性は、まだほとんどのCEOにとって最優先事項ではないが、流れが変わるときには急速に変わる。有能な経営者たちはすでに続々と、従来のテクノロジーからグリーンテクノロジーに乗り換えている。ベンチャー投資家のアダム・グロッサーが語るとおり、「彼らは意識を高めているし、大金になると信じてもいるのだ」。

スプレッドシート思考の限界

　10年ほど前までは、大量生産の限界のせいで人々はデザインの嗜好を満たすことができなかったが、いまでは購入時の選択肢が増え、美しさやシンプルさ、お気に入りブランドの「同族的アイデンティティ」を優先して選べるようになっている。

　だがデザインがそれほど強力なツールなら、もっと多くの担当者が社内で働いていてもいいのではないか？　知識、ひらめき、創造性といった無形資産の経済価値が増大しているなら、デザイン用語が廊下にこだましていてもいいのではないか？

　あいにく、企業経営者のほとんどは、こと創造プロセスとなると耳は聞こえず、口はきけず、目は見えない。彼らは「スプレッドシート（表計算ソフト）ベースの理論」という限界ある伝統を通じて、機械的に仕事を覚えてきた。あるMBA（経営学修士号）取得者が冗談まじりに言っていたが、彼がいる世界ではデザイン用語は犬にしか聞こえない音らしい。

　これを端的に表しているのが、鉄道王コリス・P・ハンティントンが竣工後まもないエッフェル塔を訪れたときのエピソードだ。パリの新聞記者から感想を求められた彼はこう答えた。「あなたがたのエッフェル塔はたいへんけっこうなものだが、これでどうやって儲けるのだね？」

　スプレッドシート思考が間違っているというわけではない。

不適切なだけだ。デザイナーなら、エッフェル塔についてまったく別のコメントを残していただろう。「なんと感動的な偉業の象徴だろう！　これから先、人々はパリを訪れたことをけっして忘れないだろう」。ある推計によれば、1897年以降のエッフェル塔土産の売り上げ高は1,200億ドルを超えるという。小物販売だけでも、投資した甲斐があったことになる。

　このパリの教訓を忘れなかったのが、大観覧車ロンドン・アイのあるロンドンや、きらめきを放つグッゲンハイム美術館を擁するスペインのビルバオといった都市だ。フランク・ゲーリーが手がけたビルバオ・グッゲンハイム美術館の設計(デザイン)は世界じゅうの人を魅了したばかりか、地域全体の経済を好転させる触媒となっている。

　くりかえし人々の心をとらえ、夢中にさせるような体験を企業が確実に商品化するには、デザイナーを雇う以上のことをしなくてはならない。「必要なのはデザイナーであることです」と語るのはロジャー・マーティン、トロント大学ロットマン経営大学院の学長だ。「デザイナーのように考え、デザイナーのように感じ、デザイナーのように働くことが必要でしょう」。旧来の狭い考え方で、現代の厄介な問題に取り組むのは無理だ。

　音楽は、もはや譜面どおりに奏でるものではない。必要となるのは、まったく新しい音階(スケール)を発明することだ。

イントロダクション　37

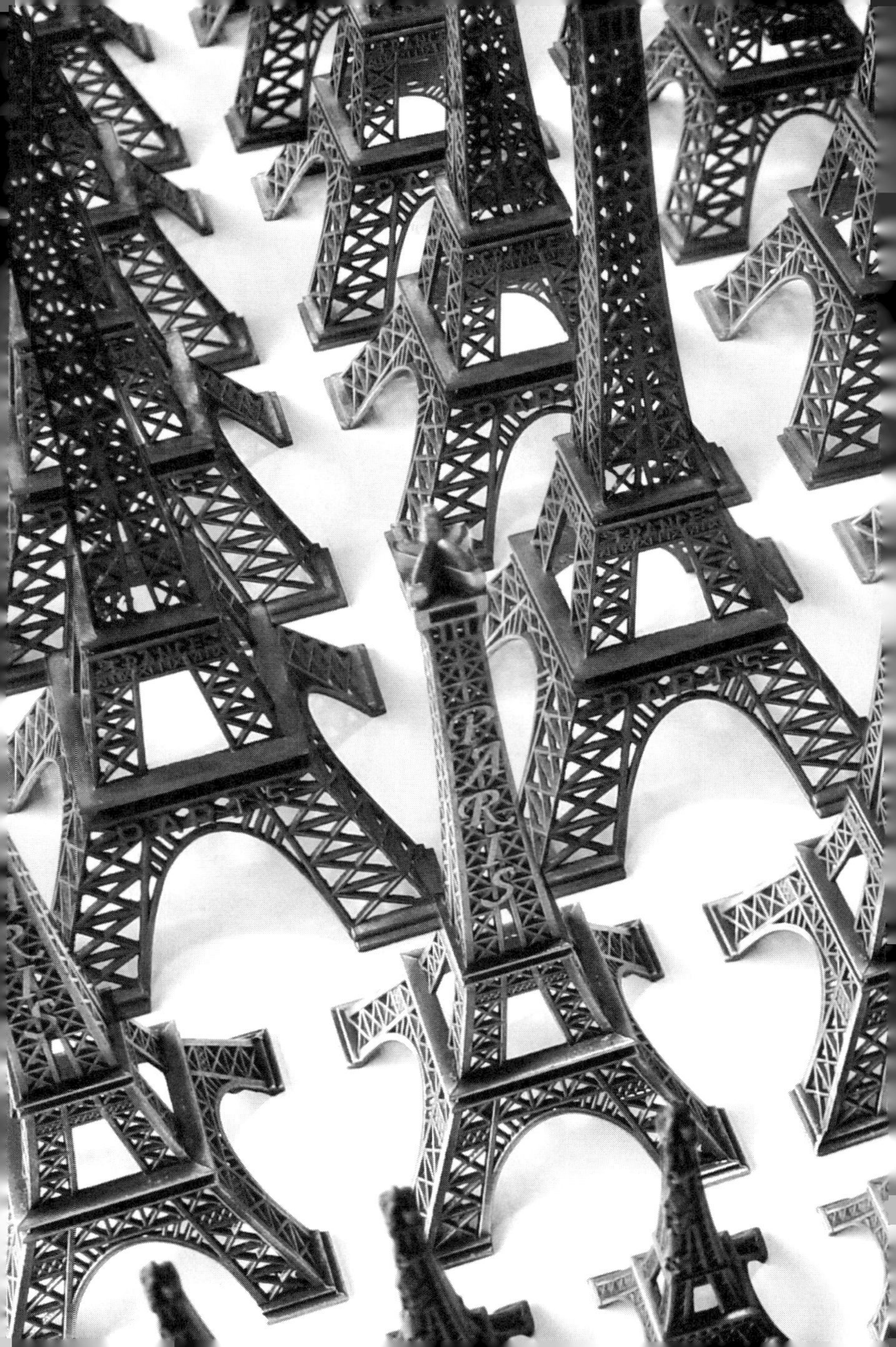
PARIS

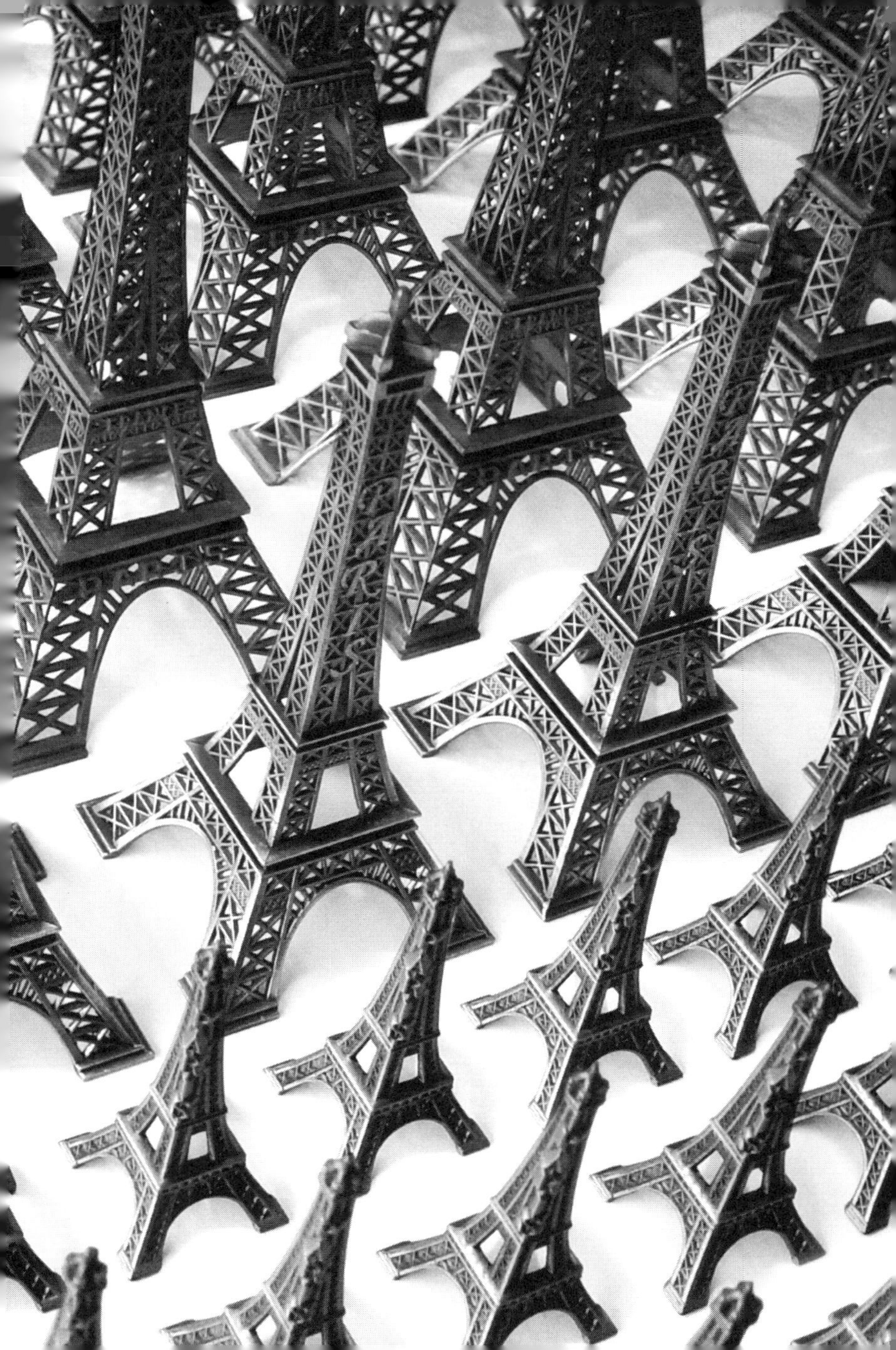

PART1：デザインの力

「ポスターとトースター」を超えて

　20世紀を通じ、デザイナーたちは職業別居住区(ゲットー)に隔離された状態で腕に磨きをかけていた。デザイナーのラルフ・カプランはかつて、われわれは産業界の大物たちから「風変わりな召し使い」と思われている、と嘆いたことがある。これはひとつには、ビジネス界を支配するスプレッドシート思考のせいだが、ドイツの造形学校、バウハウスが成功したことも一役買っている。バウハウスでは、デザイナーの使命は工芸品にモダンアートの感覚を吹き込むことだとされていたのだ。おそらく何世代ものデザイナーたちが、このビジョンに魅せられただろう。彼らがその職業に就くために通ったのは、ビジネススクールどころかデザインスクールでさえなく、アートスクールだったのだ。

　こうして、主だった辞書に記されたデザインに関する共通認識は、基本的にはこうだった――「人工物あるいは人工物のシステムのためのプラン」。人工物？　産業界のリーダーたちはデザインという分野全体を、「広告と製品(ポスター トースター)」というラベルをつけた心の箱に入れた。のちにそれは「スタイルをつくる」というラベルをつけた、さらに小さな箱に移される。2008年にいたってなお、CNETのレビュワーはブラックベリー7130cをこう評していた。「デザインはいいが、性能はどうだろう？」

　現在、私たちはもっと広いデザインの定義を必要としている。

そこで重要な尺度は、スタイルをつくることではなく性能(パフォーマンス)だ。

実は、新しい定義の基礎は40年前に、一流の社会科学者でノーベル経済学賞受賞者であるハーバート・サイモンによって提示されていた。著書『システムの科学』(パーソナルメディア)に彼はこう書いている。「現在の状態をより好ましいものに変えることを目的に行為の方針を考える者は、だれでもデザインをしている」

「状態」「変える」「だれでも」という言葉が慎重に選択されている点に注目してほしい。「人工物」「スタイルをつくる」「芸術家」という言葉が慎重に排除されている点にも注目してほしい。サイモンが辞書をつくったとしたら、挿絵にはポスターもトースターも描かれなかっただろう。デザインは変化の強力なツールであって、単にコミュニケーションや製品のスタイルをつくるツールではないのだと、彼は考えていた。

サイモンの説明を採用し、そこから美文体と法律文めいた調子をそぎ落とすと、新しい定義が残る。その定義は、21世紀のビジネスを一新できるほど力強い。すなわち、「デザインとは変化である」。

デザイン思考の4つの特徴

　ハーバート・サイモンによれば、状態を改善しようとする者は誰でもデザイナーだ。言い換えると、デザインに携わるのに美術学の修士号は必要ない。必要なのは、改善する価値のある状態を見つけ、創造的プロセスをやりとおすことだけだ。

　もちろん、この説明は、標準的なデザイン職にぴったり当てはまる──建築家、芸術家、作曲家、映画監督、エンジニアといった人たちだ。しかし同時に、医師、科学者、心理学者、刑事、軍事戦略家、サプライチェーンマネジャー、広告プランナー、ファシリティマネジャーにも合致する。

　また、すべてのリーダーにも当てはまる。先導(リード)することは、人を現在の状態から改善された状態へと導く行為だからだ。その意味で、モーゼはデザイナーだったし、部下がひとりでもいるなら、あらゆる会社のリーダーもデザイナーだ。

　誰もが、状況によってはデザイン思考をするが、一部の人たちはその適性がとくに高い。彼らは総じて、①共感的で、②直観的で、③想像力に富み、④理想主義者だ。

　あいにく、従来のビジネスの考え方では、こうした特徴はそれぞれ、①情にもろい、②非論理的、③注意散漫、④頑固と解釈される。ここでもう少し掘り下げてみよう。

共感的　ビジネスの場では、共感を通して、顧客や同僚、パートナー、仕入れ先(サプライヤー)が、何を動機づけ(モチベーション)としているかを理解し、人々との感情的な絆を強めることができる。この特性は、勝ち負けを基準とする顧客関係の時代にはハンディキャップとなったかもしれない。だが、現在の顧客中心市場では計り知れない価値がある。共感することで、販売担当者は顧客がかかえる問題の解決策をデザインできる。経営者は高度に機能するチームをデザインできる。環境デザイナーは魅力的な体験をデザインできる。

直観的　直観は状況を理解する近道だ。論理的な心は、ある問題をA-B-C-Dと直線的に処理するが、直観的な心はC-B-D-Aといった具合に跳ねまわり、別の尺度としてR-K-Z-Pを持ち込んだりする。論理的思考はアイデアの根拠を見つけて証明することが得意だが、直観的思考は全体像を見るのが得意だ。直観を活かすことで、コピーライターは、読む者の心のなかで一気に意味がふくらむ言葉の組み合わせをデザインできる。人事の専門家は、会社の文化に力を与える採用プログラムをデザインできる。そしてCEOは、問題を構成している要素を理解できる。このふたつのスタイル——論理と直観を組み合わせれば、有能なリーダーの条件が手にはいるはずだ。

DESIGNER

想像力に富む　気の散りやすい社員が何人かいなければ、イノベーションは起こらない。新しいアイデアが生まれるのは集中的思考からではなく、拡散的思考からだ。創造性に関するエキスパート、エドワード・デ・ボーノが言ったように、「同じ穴をさらに深く掘っても、新しい穴を掘ることにはならない」。想像力を駆使することで、研究開発エンジニアは、既存の概念を打ち破る製品の基盤(プラットフォーム)をデザインする。小売業者は、顧客ロイヤルティを築く確実な方法をデザインする。ウェブデザイナーは、アイデア、活動、資源(リソース)をつなぐ、意外性のある確かな方法をデザインする。

理想主義者　創造性のある人物は、芝居がかっているとか、我が強いとか、夢見がちだ、などといわれてきた。また、間違っている点や欠けている点、変える必要があると感じる点にこだわる、という悪評もある。だが、会社の目標が現在の状態を改善することにあるとしたら、多少はこうした人たちがいなくてはならない。たとえば、理想主義の工業デザイナーは、人と機械のよりよい関係をデザインできる。理想主義の財務責任者は、より透明性の高い報告フォーマットをデザインできる。理想主義の起業家は、環境主導型のビジネスモデルをデザインできる。

未知に挑め

　デザインとほかの活動との違いは、その結果（サイモンの言う「好ましい状態」）だけでなく、そうした結果を生み出す心と身体のプロセスにもある。

　デザインは、ビジョンと現実の悩ましいギャップのなかに生まれる。そのギャップには「クリエイティブな緊張」が満ちている。それはクリエイティブな人にとって強力なエネルギー源となるものだ。大航海時代、地図製作者たちは海図上の未知の空白（ギャップ）に「竜がいる！」などと愉快な警告を記していた。ビジョンと現実のギャップに竜がいるとしたら、真にクリエイティブな人は戦いを挑まずにいられない。

　もっとも基本的な種類のギャップは、「いまある状態」と「ありうる状態」の隔たりだ。西洋の考え方はもともと「いまある状態」に関するものがほとんどで、その結果、私たちは分析と論証を得意とする。従来のビジネスは、「いまある状態」を運転席に据え、「ありうる状態」をチャイルドシートに縛りつけてドライバーの邪魔にならないようにしてきた。だが、資本主義社会が「いまある状態」の考え方だけで動いていたら、どうなるだろう。なんの冒険もなく、何も得られないだろう。どの会社もちっぽけなエンジンと大きすぎるブレーキを搭載した同じ車に見えるだろう。

ビジョン

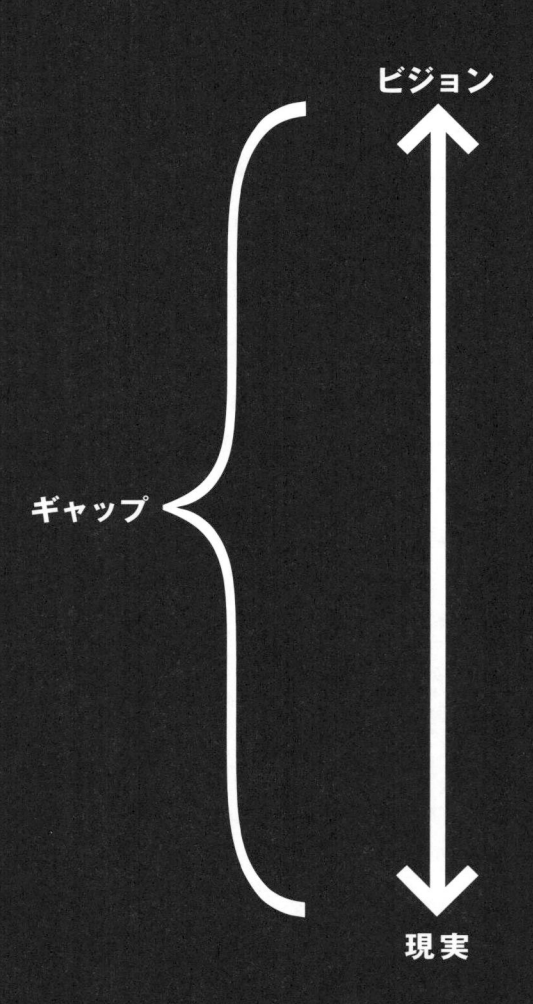

ギャップ

現実

ロットマン経営大学院の学長ロジャー・マーティンは、ビジネスの論法とデザインの論法の違いについて考察を重ねてきた。彼はビジネスの側に、帰納法（何かの働きを観察する）と演繹法（何かの状態を証明する）の両方を位置づける。デザインの側に置くのは「仮説形成法(アブダクション)」（何かのありうる状態を想像する）だ。帰納法と演繹法は既知の定式を用いた「アルゴリズム」［訳注：ある目的を達成するための効率的手順］のタスクにはうってつけだが、未知のものを扱う「ヒューリスティック」［訳注：予測によって正解に近い結果を得る方法。発見的方法、経験則ともいう］なタスクには適さない。アルゴリズムのタスクとは、サプライチェーンの構築や新しい製品ラインの価格設定などだ。ヒューリスティックなタスクには、仕入れ先(サプライヤー・リレーションシップ)との関係の促進や、消費者行動の理解などが考えられる。ヒューリスティックなタスクは定着したルールに規定されず、一定の運動をつづける星々を見ながら舵取りをする必要があることも多い。

　だが、ビジネス界の人々は、タスクから未知のものを取り除くよう訓練されていて、タスクを慣れたルーチンとして再定義したり、既得のスキルに合った別のタスクに移ったりする。もしマーティンが考えるように、21世紀における価値の創出が竜と戦うことにかかっているとしたら、経営者はもっとデザイナーのように考えることを学ばなければならない。デザイナーはアルゴリズムの管理者(マネジャー)ではなく、ヒューリスティックの達人(マスター)

なのだ。

　広告業界の友人のあるエピソードが、アブダクションへの反感をよく示している。数年前、彼はあるクライアントから、DMキャンペーンの結果を改善するという課題を託された。回答率が会社の期待する2.1パーセントではなく1.8パーセントだったためだ。友人はアブダクションの手腕を発揮し、キャンペーンのデザインを変更するだけでなく、DMのコンセプト全体を根本からつくりなおした。プロダクト・ストーリーを練りあげ、シリーズもののチャプターに分けて5週間にわたって発送したのだ。ところが、このコンセプトで31パーセントの回答率を達成すると、クライアントからいきなり首を切られた。「31パーセントでは持続できない」と説明されたらしい。クライアントはこの成功を会社の評価基準に適合させることができなかった。予測しがたく、理解もできない結果に向き合うより、少しずつ改善していくほうがいいと考えたわけだ。

　失敗への不安、予測できないことに対する嫌悪、地位への執着。これらはイノベーションにとって最大の刺客だ。徹底したミスの排除は、20世紀式経営では当然とされる。だがミスは、乱雑で反 復(イテレーション)型の創造プロセスに不可欠な要素として、大事にしなくてはならない。デザイン会社、IDEOのトム・ケリーが言うように、「つまずいたって前に転ぶかぎりは大丈夫だ」。

「第3の脳」を使え

　アブダクションへの反感は、ビジネススクールでケーススタディが使用されることで、図らずも強化されている。ケーススタディの前提は、ある問題に対する答えが1社か2社の特定の経験のなかに見出せる、というものだ。ところが実際は、ある会社の経験はかならずしも別の会社に当てはまらない。既製服のラックに掛かったズボンを買うかのように、解決策を「解決策の棚」から選ぶのは不可能だ。現実には、目の前にある独特な難題に合わせて解決策を仕立てなければならず、それもたいてい薄暗い明かりの下で、きちんと採寸できないまま作業するはめになる。

　こんな状況で、前に進む道を「決定(ディサイド)」できるはずがない。前に進む道は「デザイン」しなくてはならないのだ。

　このふたつのモードの違いは大きい。決定のモードは、選択肢がすでに（ケーススタディに）存在していることを前提としているが、実際には決定はむずかしいだろう。デザインのモードの前提では、新たなオプションを（デザインプロセスを用いて）想像する必要があるが、いったん想像できれば決定はたやすいだろう。おそらく、21世紀における成功はこのふたつのモードの正しい配分を見つけることにかかっている。

　ケース・ウェスタン・リザーブ大学ウェザーヘッド経営大学

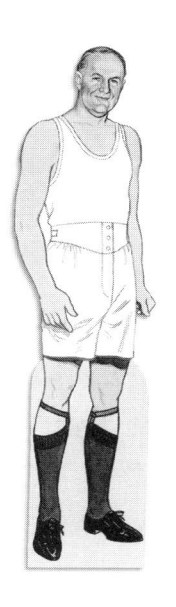

絶え間ない変化の時代、
出来合いの解決策だけでは不十分だ。

PART1：デザインの力　53

院の教授、リチャード・ボーランドは言っている。「今日の経営者たちで問題なのは、とにかく最初に頭に浮かんだことをやってしまうところだ」

建築家フランク・ゲーリーのデザインプロセスを何か月も研究したのち、ボーランドはこんな結論を下した。「従来型の経営には、デザインに見られる思慮深さがまるで欠けている」

当然ながら、決定モードに依存する経営者は、デザインモードを思考から締め出す理由を探す。「われわれには時間がない」「うちの予算では無理だろう」「本当の問題は政治的なものだ」「わが社の文化は保守的だから向いていない」

これらはじつは理由というより言い逃れであり、会社の将来の選択肢を狭めているだけだ。従来の経営モデルは、さしずめお下がりのコンセプトを扱う古着屋で、どのコンセプトも過去の要望や時代に合わせてあつらえられている。

この旧モデルが革新的なものとして導入されたのははるか昔なので、かつて企業経営を革命の大義とみなした人々（フレデリック・テイラー［訳注：「科学的経営法の父」と称された経営学者］、ヘンリー・フォード、アルフレッド・スローン［訳注：元ゼネラル・モーターズ社長］など）はとうにいなくなっている。可能性の幅を広げるには、新しい革命家たちが必要だ。

一方で私たちは、ある経営モデルの破綻を目の当たりにして

いる。それはアイデアが枯渇し、デザイン意識の高いイノベー<ruby>デザイン<rt>デザイン</rt></ruby>ションで富を「創出」するかわりに、金融操作による富の「解放」に頼ってきたモデルだ。

　ボーランドによれば、エンロンの失敗は倫理の失敗であったばかりか、想像力の失敗でもあった。同社の経営陣が入り組んだ取引で負債を隠したのは、単にもっといい案が浮かばなかったからだ。事業を築きあげるという古くからのアメリカンドリームは、多くの産業で「売買の夢」へと退化している。そこに欠けているのは、デザインの想像力に富む理想主義だ。

　エンロンの問題のような「厄介な問題」を解決するカギは、パラドックスを受け入れるデザイナーの力にある。竜の潜むギャップに必要なだけとどまり、対立を生む争点が解消されるまでクリエイティブな緊張の窮屈さに立ち向かう姿勢だ。

　この能力は両側性という進化の原理のおかげで、デザイナーにかぎらず、すべての人間にそなわっている。私たちは生来、目がふたつに、耳がふたつ、手が２本あり、脳には左右ふたつの半球がある。ふたつの目があるから遠近感が得られる。ふたつの耳があるから音の位置がわかる。２本の手があるから道具を使うことができる。そして左脳と右脳があるから、論理と直観でペンチのように問題を把握することが可能なのだ。

　ロンドンの大手デザイン会社パートナーズは、この技能を「第

３の脳思考」と呼んでいる。左脳と右脳が一体となって作用するとき、第３の脳が現れ、一方の脳だけではできないことをやってのける。第３の脳とは全体論的思考(ホリスティック)の喩えで、デザインマインドを会社の文化に植えつけるには絶好のモデルだ。

　第３の脳で考える者たちは安易な選択肢でよしとしない。彼らはチームとして機能し、一見相反するニーズがともに満たされるような基盤を見つけてみせる。

　第３の脳で考える人は、問題に対してズームアウトとズームインをする能力がある。ズームアウトしてその問題が大きな枠組みのどこに収まるかを見て取り、ふたたびズームインして細部に意識を集中する。ズームアウトすると戦略上の差別化が容易になり、ズームインすると品質の向上が容易になる。

　第３の脳で考える人にとって、差別化と品質を両立できない解決策は興味を引かないし、価値がない。アップルのCEO、スティーブ・ジョブズは第３の脳の化身だ。

　数年前、彼は同社を率いて競合他社の脅威という地雷原を進んでいたが、その一方で、マンハッタンのアップルストア１号店用のイタリア産大理石を、自分が模様のパターンを調べるまで発送するなと言って譲らなかった。デザインマインドの持ち主にすれば、どんなに大きな問題も手に余ることはなく、どんなに小さな問題もおろそかにできないのだ。

企業のリーダーたちが直面する多様な問題には、共通点がひとつある。トレードオフの二者択一性だ。これが原因で、「厄介な問題」がじつに厄介になっている。
　これに対してデザインフルなリーダーは、コスト削減とイノベーションは相容れないとか、短期目標と長期目標は両立しないといった通説を認めない。「ORの抑圧」を退け、「ANDの才能」を支持する。
　デザインフルなリーダーは絶え間ない変化につきものの曖昧さや不確実性に刺激を受ける。富を単に解放するのではなく、創出せずにいられない。最良事例(ベストプラクティス)がもたらす偽りの安心を手放して、新たな実践(ニュープラクティス)に伴う不安を選ぶこともいとわない。
　デザインフルなリーダーとクリエイティブなアーティストは、ほとんど同じだ。「独創的な芸術家の使命は」と作曲家のフェルッチョ・ベゾーニは言った。「法をつくることであって、既成の法に従うことではない」

知る、つくる、する

　20世紀なかば、熟練したデザイナーたちは自分たちの地位を「風変わりな召し使い」から「真剣な専門職」に変えるべく、さまざまなデザインプロセスを売り込みはじめた。その結果、数々のプロセスが登場したが、ほとんどは一方通行のフローチャートで、プロジェクトを一連の段階に分けて進めるものだった。そこからいかにもな用語と独特な粉飾をはぎ取ると、4つの基本的な段階に要約される。①発見、②観念化、③洗練、④制作。この論理的な手順は企業経営者に安心感を与えた。これならデザインを製造過程のように管理、追跡、比較、測定できるからだ。

　真剣そのものだったとはいえ、この手順はクリエイティブのプロセスをうまく表現してはいない。結婚式がセックスを表現しないのと同じだ。実際の創作活動はもっと乱雑だ。整然とした段階にこだわる者は、月並みな結果しか生み出せない。あまりに几帳面なプロセスは、ふとしたひらめきを排除してしまうからだ。

　ルールを打破するイノベーションには、遊びの感覚や喜びが不可欠で、厳密な方法でがんじがらめにされるわけにいかない。デザインは「遊ぶ」を意味するラテン語、ludereを語源とする「遊びの（ludic）」プロセスなのだ。

KNOW
知る

DO
する

9時半までに妙案を出してくれと、デザイナーに命じてはいけない。デザインのプロセスは「遊び」きる必要があり、その間、デザイナーは論理(ロジック)と魔法(マジック)のあいだの空間で跳ねまわる。

　デザインプロセスを理解するいちばん簡単な方法は、従来型のビジネスプロセスとの違いを見ることだ。工業化時代のプロセスでは、ふたつの主な活動が重視される。「知る」ことと、「する」ことだ。問題を標準オプションボックスに照らしながら分析し、選んだ解決策を実行する。従来の企業は頭と脚がすべてなのだ。

　デザインフルな企業は、そこに第3の活動を挿入する。「つくる」ことだ。問題を分析し、新しい選択肢を「つくり」、そして解決策を実行する。「知る」と「する」のあいだに「つくる」を挿入すると、問題に対するまったく別の取り組み方がもたらされる。2本の手が加わることで、頭と脚が改善されるのだ。

　ただし、デザイナーは「問題を解決する」わけではない。「問題に取り組んで結果を出す」のだ。デザイナーが用いるのは非論理的なプロセスだ。それは言葉では表しにくいが、行動でなら表現しやすい。デザイナーは自分の語彙として、モデル、原寸模型(モックアップ)、スケッチ、ストーリーを使う。「知る」と「する」のあいだの空間で活動し、共感、直観、想像力、理想主義とい

| KNOW | MAKE | DO |
| 知る | つくる | する |

う４つの長所から生まれる、新たな解決策の試作品(プロトタイプ)をつくる。

「つくる」モードでは、どんな結果になるかはデザイナー本人にもわからない。そのかわり、彼らは自分が何をしているかを、それをしている最中に学ぶ。

システム思考の専門家であるドナルド・ショーンは、この現象を「行為のなかの省察」と呼んだ。それは「動的な知のプロセス」で、基盤となるのは知識体系というより熟練した対応のレパートリーだという。

それが、デザイナーの芸術的才能の説明にもなる。画家は筆を動かすたびにカンバスの絵がどうなるかを発見するが、同じように「行為のなかの省察」は、つねに事態の進行中に、しばしば圧迫を受けながら、思考と行為を瞬間的に結びつけるのだ。

だが、このスキルは職業デザイナーにかぎったものではない。その例は、ほかの職種にも見つかる。たとえば、特異な症状に対して新しい診断を下して検証する医師。信用リスクを分析する際、数字が正しそうに見えても、どこかおかしいと感じる銀行家。市場の声を聞き、既存製品の有望な活用法を発見するマーケットリサーチャー。

きわめて革新的なデザイナーなら、さらに一歩先を行く。標準オプションボックスには目もくれず、「間違った考え」への欲求を育むのだ。アップルの花形デザイナー、ジョナサン・ア

イブは言う。「このチームでひとつ大事にしているのは、間違って見えるという感覚だ……それがあれば新しいものを発見したのだとわかる」

太平洋岸のサーフィンの名所、マーベリックスの近くにあるコンサルティング会社 C2 では、「間違った考え」が存在理由(レゾン・デートル)になっている。C2 の専門はストラテジストと重役のグループ全体を対象に、異端者(マーベリック)のような考え方をさせることだ。もちろん、間違った考えは間違っているだけのことも多いが、正しい以上に正しい場合もある。

物理学者のフリーマン・ダイソンは、間違って見えることは真の創造性の証しだと信じていた。「偉大なイノベーションが現れるとき、それはかならずといっていいほど混乱していて、不完全で、人を当惑させるものだ」と彼は言っている。「一見して、ばかげていると思えない考察には見込みがない」

一足飛びに「知る」から「する」へ移る企業は、イノベーションには手が届かない。革新的になるには、頭で知って脚でするだけでなく、直観的な手で「つくる」ことが必要だ。

イノベーションは文化から

2007年のマッキンゼーの研究で、1,077社の業績が11年間にわたって調査されている。それによると、競合他社を売上げの伸びと収益性の両方で上まわった会社は、1パーセントに満たない。

上位9社に共通していたのは、つぎのふたつの点だった。①企業買収よりも内部成長を優先し、②強力なブランドなどの無形資産を業績向上の柱としていた。

持続可能な伸び率と収益性は、投資を犠牲にして未来から借りられるものではないし、死にかけたビジネスモデルを絞りあげて過去からもぎ取れるものでもない。大きな成果が持続されるとしたら、それは当然、持続可能なものだからだ。

見かけ上の持続可能性なら、偶さかの幸運から生じるかもしれない。たがいに関係のない成功が連続することもあるだろう。だが、本物の持続可能性は、イノベーションの文化を意識的に築くことでしか生まれない。

たとえば、GEのCEO、ジェフ・イメルトは、世界最大の成長企業になるという目標を掲げているが、現在の成長率を維持するには、毎年ナイキ並みの収益をあげる事業を加えなければならない。そこでどうしたか？ GEはナイキに匹敵する企業を買収するかわりに、内部からの成長に努めている。戦略立

案、経営幹部研修、財務状況の検討といった核となるプロセスをデザインしなおしているのだ。買収をすれば一時的に収益は上がるかもしれない。だが、内部成長には継続的に利益をもたらす特別な力がある。

ボストン・コンサルティング・グループは最近、「内部成長は会社が成功するうえで絶対に不可欠」だとする経営幹部940人に調査をした。ところが、彼らのうち、研究開発関連の投資収益率に満足している者は半数にも満たなかった。なぜか？ 内部成長はガーデニングに似たところがあるからだ。長期的な

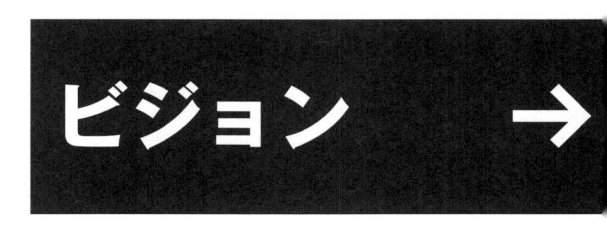

ビジョン　→

成功を保証してくれる急成長肥料などない。園芸家は喜んでたったひとつの有効な法則を教えてくれるだろう。「1年目、眠る（スリープ）。2年目、根を張る（クリープ）。3年目、跳ねあがる（リープ）」。庭には発育の段階に応じてイノベーションを補充しなくてはならない。そうすることで、どの季節でも、あるものは眠り、あるものは根を張り、あるものは一気に跳ねあがるのだ。

CEOたちに寝つきが悪くなる原因は何かと訊けば、普通は

株主の利益という答えが返ってくる。では株価を引き上げるのは何かと訊けば、答えは収益の伸びとなることが多い。つづいて収益の伸びを促進するのは何かと訊くと、返ってくるのはイノベーションという答えだったり、ぽかんとした顔だったりする。

ここでイノベーションを推し進めるのは何かと突っ込んでみても、イノベーションが会社の文化から生まれることを理解している人はほんのわずかだろう。ビジョナリー・リーダーシップがイノベーションの文化を育むカギだ、と答える人はさらに

文化　→

少ない。

だが、内部成長とはそういう仕組みで生じるものだ。株価を上昇させ、それを維持したいと思うなら、投資する必要があるのはビジョンと文化、イノベーションであって、企業買収や株式の買い戻し、大々的な広告キャンペーンといった即効性のある急成長戦略ではない。こうした方法は短期間で成果を生むが、投資をやめればそれもなくなり、元の木阿弥となる。

マッキンゼーの調査によれば、1990年代に買収に投資した157社のうち、同業他社より成長が速かった企業はたった12パーセントで、株主の利回りが平均を超えたのは7社しかなかった。これはなにも、買収はつねによくないということではない。ただ、買収がもっとも効果をあげるのは、それによって株主価値を一時的にてこ入れするのではなく、ビジョンを実現し、文化を豊かにし、イノベーションを推し進めたときなのだ。
　広報、広告、ロビー活動、法的活動、財務操作など、経営者が用いる従来のツールの多くは間違ったツールだ。それらは長

イノベーション →

期的な富を犠牲にして短期的な投資を促進する。
　そうではなく、企業の動力系統（ドライブトレイン）をさかのぼり、買収や買い戻し、あるいはさまざまな説得のツールよりも、イノベーションに重点的に投資したとしたら？　そして素晴らしいカスタマーエクスペリエンスのデザインに焦点を絞ったとしたら？　まさにそれを実行してきたのがアップルだった。同社の株価は10年間に1,273パーセント上昇し、どのテクノロジー市場の平

均よりも上まわっている。ウォールストリート・ジャーナル紙から、アップルはどのようにしてその軌道にとどまるのかと問われたとき、スティーブ・ジョブズはこう答えた。「革新（イノベート）しつづけていくつもりだ」

アップルが革新をつづけられるのは、イノベーションの文化があるからだ。そこには革命、刷新（リニューアル）、俊敏性（アジリティ）の材料がすでに織り込まれている。ビジネスの歴史を振り返ると、一発屋たちのイノベーションはそこかしこに見られるが、革新的文化となるとごくわずかだ。革新的文化を築くには、企業は絶え間ない

成長 →

改革を維持しなくてはならない。過激なアイデアが、例外ではなく標準とならなければならない。

1990年代にIBMを変革したルイス・ガースナーは、企業文化の熱心な提唱者だった。「文化はゲームの単なる一面ではない。文化こそゲームなのだ」と彼は言った。「ビジョン、戦略、マーケティング、財務管理、あるいはなんらかの管理システムがあれば、しばらくは正しい道筋に乗って進むことができ

る。しかし、ビジネスでも行政でも教育でも医療でも、人が携わるあらゆる活動分野の事業では、そうしたビジョンや戦略などの要素がＤＮＡの一部となっていないかぎり、長きにわたって成功することはない」

　合併、分離、会社分割(スピンオフ)、自社株買いその他、株主の富の錠を解くカギには、おのずと限界がある。いずれは富を解放できなくなるのだ。そうなったら、富を創出しなければならない。そして何かを、とりわけ富を創り出すことにかけて、デザイン思考のツールに勝るツールはない。

価値

| *THOUGHT LEADERSHIP* |
| ソート・リーダーシップ |

| *BUSINESS MODEL* |
| ビジネスモデル |

| *ORGANIZATIONAL STRUCTURE* |
| 組織構造 |

| *STRATEGIC DECISIONS* |
| 戦略的決定 |

| *INTERNAL COMMUNICATIONS* |
| 社内コミュニケーション |

| *OPERATIONAL PROCESSES* |
| 運用プロセス |

| *BRAND ECOSYSTEM* |
| ブランドエコシステム |

| *CUSTOMER RELATIONSHIPS* |
| 顧客関係 |

| *PRODUCTS AND SERVICES* |
| 製品とサービス |

| *EXTERNAL CONVERSATIONS* |
| 外部との対話 |

デザイン・レバレッジの梯子(はしご)

　会社に最大限の優位をもたらすには、デザイン思考をどこに適用すればいいだろう？

　これまでどおり、製品とコミュニケーションの分野で使えるのは明らかだし、そうすべきなのも間違いない。また、研究開発や工業デザイン、マーケティングコミュニケーション、オンライン広告、ブランドアイデンティティについては、デザインはこれまで可能性のうわべをなでていたにすぎない。ただし、ひとつ確かなのは、革命はテレビでは放送されないということだ。そこそこの製品をつくり、マス広告で市場にねじこむ時代はもう終わった。それに代わるのはデザインであり、そのひとつがネットワーク型広告のデザインだ。

　では、デザイン・レバレッジの梯子をさらに1段登ったらどうだろう？　デザインはカスタマーエクスペリエンスにも応用することができる。たとえば、相談窓口(ヘルプライン)、カスタマーサービス、オンライン交信、ライブイベント、購買環境、経路誘導(ウェイファインディング)システムといった、製品やサービスを取り巻くブランド要素(エレメント)に用いることが可能だ。

　コンサルティング会社、ベイン・アンド・カンパニーの研究によると、経営幹部の80パーセントは自社の顧客サービスは素晴らしいと考えているが、それに同意する顧客は8パーセ

ントにすぎない。抜け目のない企業はサービスをめぐるこのギャップに積極的に対応している。先日、スーパーマーケットチェーン、ホール・フーズの従業員と雑談をしたとき、彼はこう言った。私はレジ係というわけじゃないんです──「環境体験管理員」なんですよ。

　体験(エクスペリエンス)のデザインから梯子をまた少し上がると、ブランド生態系(エコシステム)に取り組むことになる。このエコシステムは、投資者、パートナー、サプライヤー、従業員の全員からなる、会社の評判と成功を左右するコミュニティだ。公正で持続可能なエコシステムを確保するには、誰もが何かを提供(ギブ)しなければならず、誰もが何かを獲得(ゲット)しなくてはならない。このギブ・アンド・ゲットをただの偶然にとどめておく手はない──デザインできるからだ。

　梯子をさらに登ると、デザイン思考を運用プロセスに向けることができる。そこでは、イノベーションの合理化や測定基準(メトリクス)の適用、サプライチェーンの最適化などをおこなう新たな方法と、従業員とパートナーの協力を効率化する数多くの活動を創出することが可能だ。

　イノベーションで競合他社を上まわりたいのなら、まずは学習で上まわらなくてはならない。デザイン思考を駆使すれば、重要な情報の流れを変化させることができるし、動的な研修プログラムをつくって、会社を絶えず学習する強力な組織に変え

INNOVATIONINTERACTIVITYCONVERGE
COLLABORATIONEMOTIONALI
ONOMYFRICTIONLESSC
ORGANIZATIONSINTELLECT
BALIZATIONCOMPUTINGELECTRONIC
ONAGEGRAPHICALUSERI
KETINGINTELLECTUALPROPERTYG
YSISSPACEEXPLORATIONLATERALTHINK
CATIONBEZIERCURVESKAIZEN
TELEVISIONBROADCASTING
HNOGRAPHYCOLLECTIVEUN
ANDBENEFITSCORPORATEIDENTITY
DEPARTMENTSTORESXRAYSS
DSUTILITARIANISMDAGUERREOTYPES
CTROMAGNETISMTHERMO
MAPHOREGASLIGHTINGENLIGHTENME
ARIESDIDEROTSENCYCLOPEDI
ENTRYBOOKKEEPINGCIRCUM
LLIGAZETTESSHORTHANDQUOT
NINGWHEELSTAINEDGLASSPRI
NPOWDERCASTIRONH
SIMOSAICSMEGAPHONELIBRARIES
ICMETHODILLUMINATEDMANUSCRIP
MEASUREMENTPAPERMAKIN
ATHEMATICSHORSEDRAWNVEHICLESHIERATICS

ることもできる。梯子を高く登るにつれ、デザインがもたらすてこの作用(レバレッジ)は大きくなるのだ。

　デザインが変化であれば、戦略もまたデザインとなる。いままでどおりのビジネスのやり方では、競争上の優位は得られない。他社には取り組む準備のできていない問題に対して、ときにそれが「厄介な問題」であっても、新しい解決策をデザインすることが必要だ。デザイン思考と視覚的なプロトタイプ制作を意識的に応用することは、品質と戦略的オプションの質を高めるばかりか、意思決定者が大胆な行動を視覚化してリスク排除をする手助けにもなる。

　大胆な行動は、組織構造がそれを促進するようにデザインされていなければ実行しにくい。指揮系統、協力モデル、物理的な労働環境にデザイン思考を適用すれば、無類の競争優位が導かれるだろう。

　デザイン思考はまた、ビジネスモデルに、つまり会社が収益をあげる仕組みに影響を与えることも可能だ。あなたの会社が多製品(マルチプロダクト)やマルチサービスを扱う企業だとしたら、デザイン思考はブランド体系を組織化・簡素化し、システムから煩雑さをなくして、投入コストを削減してくれるだろう。

　最後に、梯子のてっぺんでは、企業の動力系統を活性化させるソート・リーダーシップ［訳注：革新的な考え方を伴うリーダー

シップ]にデザイン思考を応用できる。会社のミッション、価値観、目標、最重要メッセージをデザインで高耐性に加工すれば、会社は加速し、でこぼこや見えない穴がいくつあっても乗り越えていける。

歴史上の偉大なイノベーションを振り返ると、製品やコミュニケーションはほとんどない。そこにあるのは、サイバネティックス、数学、長弓、航海術、活版印刷、鉄製の鋤、学校教育といった飛躍的進歩(ブレイクスルー)だ。私の会社では、そうしたイノベーションの200の例を受付の壁に彫り刻んである――志を高く保つためだ。

また、わが社ではクライアントを相手に「本当に望んでいるものは？」というカードゲームをすることがある。これは取り組みの優先順位をつけるための簡単なツールで、各取り組みを先見的(ビジョナリー)、戦略的、戦術的の3つに分類して、左から右へと時間軸上に並べるというものだ。

クライアントから、たとえばアナリストのプレゼンテーションに協力してほしいと言われたら、わが社ではこう答える。「わかりました。ただ、あなたが本当に望んでいるものは何でしょう――プレゼンテーションですか、株価の上昇ですか？」

デザインから最大限のレバレッジを得たいなら、その梯子を登って損はない。

Cards: What do you really want? / 本当に望んでいるものは？

- **To refocus our business** — 事業のフォーカスを絞りなおすこと
- **To unleash organizational talent** — 組織の才能を発揮させること
- **To increase brand differentiation** — ブランドの差別化を拡大すること
- **To move up the positioning ladder** — 競争上のポジショニングの梯子を登ること
- **To collaborate more effectively** — より効率的に協力すること
- **To remodel our brand architecture** — ブランド体系を改造すること
- **To develop better tools and processes** — よりよいツールとプロセスを開発すること

WHAT DO YOU *REALLY* WANT? 本当に望んでいるものは？	WHAT DO YOU *REALLY* WANT? 本当に望んでいるものは？	WHAT DO YOU *REALLY* WANT? 本当に望んでいるものは？
To invent the next big thing つぎの大物を考案すること	**To accelerate our growth** 成長を加速させること	**To build an enduring company** 息の長い会社を築くこと
To discover untapped market space 未開拓の市場空間を見つけること	的確な質問は、会社が本当に望んでいるものについて考えるヒントになる。	**To build a barrier to competition** 競争障壁を築くこと
	To launch a persuasive ad campaign 説得力のある広告キャンペーンを実施すること	**To establish a brand education program** ブランド教育プログラムを設けること

PART2：美学の復活

よい経営は美しい

　私は13世紀の哲学者トマス・アクィナスの大ファンというわけではないが、これは認めざるをえない。"Ad pulcritudenum tria requiruntur integritas, consonantia, claritas"というラテン語の文を初めて読んだとき、わが意を得たりと思ったのだ。

　文意はこうだ。美は3つの特質を必要とする——完全性、調和、輝きである。「完全性」とは背景からくっきり浮びあがる特質だ。「調和」は部分と全体との関係の仕方。「輝き」はそれを体験したときに感じる喜びを表す。そして、アリストテレスによれば、美の言語とは美学(エスセティクス)である。

　だが、21世紀のビジネスに美学がどう関係してくるのだろう？　そういうものはメディチ家とともに滅亡したのではなかったか？　戦術のほうが美しさよりも強力ではないのか？

　早合点は禁物だ。アイデアは練りあげて磨きをかけ、提示するまでは、ひとつの心づもりにすぎない。デザイン思考がイノベーションに必要な荒々しい馬力を供給できるとしても、デザインの実行こそが、タイヤと路面の接する肝心なところだ。美学は美しい実行のためのツールボックスを与えてくれる。

　現代の哲学者のなかには、美は普遍的であり、私たちの五感を深い進化の潮流と結びつけると主張する人たちがいる。また、美は連想によるもので、儚(はかな)く移ろいやすいシグナルから力を得

ていると言う人たちもいる。

　私が思うに、どちらも正しい。私たちが誰で、どこに暮らし、何を信じているかにかかわらず、心の琴線にふれる形や色、匂い、配置、パターンがある。その一方で、個人の考え方や状況に左右されるものもある。赤ちゃんの顔の丸さには誰もが惹かれるが、フォルクスワーゲン・ビートルの丸さに惹かれるのはビートル族だけかもしれない。

　美学の原則は、もちろんフェンダーの曲線やウェブページのタイポグラフィ、衣類の質感に当てはまる。だが同時に、川上戦略、組織変革、市場評価にもそれは応用可能だ。たとえば、差別化を拡大するときは、じつは完全性の原則が使われている。相乗効果（シナジー）を最適化するときは、調和。カスタマーエクスペリエンスを向上させるときは、輝きだ。

　経営状態が良好なビジネスに美しさがあることには、ほとんどの人が同意するだろう。だが私はもう一歩進んでこう言いたい。ほかのアート形式を活性化させる原則が、まもなく経営（マネジメント）というアートにも不可欠になるだろう。

　なぜか？　私たちの文化がテクノロジー色を強めれば強めるほど、官能的で隠喩的な美の力が必要になるからだ。

マネジメントの美学

対比	会社そのものを差別化するにはどうしらたいいか？
深さ	さまざまなレベルで成功するにはどうしたらいいか？
フォーカス	手を出してはいけないことは何か？
調和	シナジーを達成するにはどうしたらいいか？
完全性	部分を全体へと融合させるにはどうしたらいいか？
線	会社の長期的な軌道はどんなものか？
動き	スピードからどんな優位が得られるか？
新規性	意外性を活用するにはどうしたらいいか？
秩序	いかにして組織を構築すべきか？
パターン	以前これを見たのはどこだったか？
反復	規模の経済はどこにあるか？
リズム	時間を最適化するにはどうするか？
均衡	戦略のバランスを保つにはどうしたらいいか？
規模	会社の大きさはどのくらいにすべきか？
形	どこに輪郭を描くべきか？
質感	細部によって文化はどう活気づくか？
統一性	より高次のソリューションは何か？
多様性	差異によってイノベーションを推進するにはどうするか？

自然の美と機能

　著名な建築家のモシェ・サフディによると、自然界では、美は機能の副産物であるらしい。花の色と形は昆虫を引き寄せる必要から生じている。昆虫の色と構造は、植物にまぎれる必要に由来する。

　多くの場合、私たちは、あるものに便益(ベネフィット)を認識したとき、そのものを美しいと感じる。青い空が美しいのは、それが澄んだ空気を約束してくれるからだ。筋骨たくましい肉体が美しいのは、健康のしるしだからだ。オークの木が美しいのは、木陰、雨避け、食べ物を提供してくれるからだ。

　それと同じ理屈で、アストンマーチンの車が美しいのは、効率的な空力特性を提供するからだ。アーロンチェアが美しいのは、類のない快適さを提供するからだ。アインシュタインの相対性理論が美しいのは、深遠なシンプルさを提供するからだ。

　そして私たちは、素晴らしいと思ったものに美しさを見出すと、今度はそれと同じ美しさを示すほかのものをも素晴らしいと思うようになる。

　当初、アーロンチェアは「異様な」見た目が笑いものになった。やがて、その外観が快適さと結びつくと、人はそれを美しいと思いはじめ、細かな違いを気にしない人たちは、安物の椅子に同じ外観を求めるようになった。同じ快適さ（と同じステ

ータス）を低価格で手に入れようとしたわけだ。私たちは美を品質の代用にすることが少なくない。

　バックミンスター・フラーはかつてこう言った。「問題に取り組んでいるときは、美しさのことなど考えない。しかし終わってみて、その解決策が美しくなかったら、間違っているのだとわかる」

　数学の世界では、ポアンカレが解決法の質を、美学的エレガンスのみを基準に判断してみせた。ソフトウェアの開発者たちは、コーディングの形と効率から、優れたアルゴリズムを見分ける。自然界も、数学的な美しさの証拠には事欠かない。たとえば、次元分裂図形（フラクタル）の息をのむ複雑さ、分野を超えた理論どうしの驚くべき符合、古代の幾何学の聖なる比率。

　フィボナッチ数列を例にとろう。この数列は子供向けのゲームを思わせるものだ。数列内の各数字は直前のふたつの数の和になっていて、こんなふうに進んでいく。1、1、2、3、5、8、13、21、34……。

　自然界では、この数列が松ぼっくりの螺旋（らせん）やヤシの幹上の葉の配列に現れる。アーティチョークの葉やブロッコリの花蕾（からい）にも現れる。オウムガイの殻も、この法則に従って外向きに螺旋を描く。

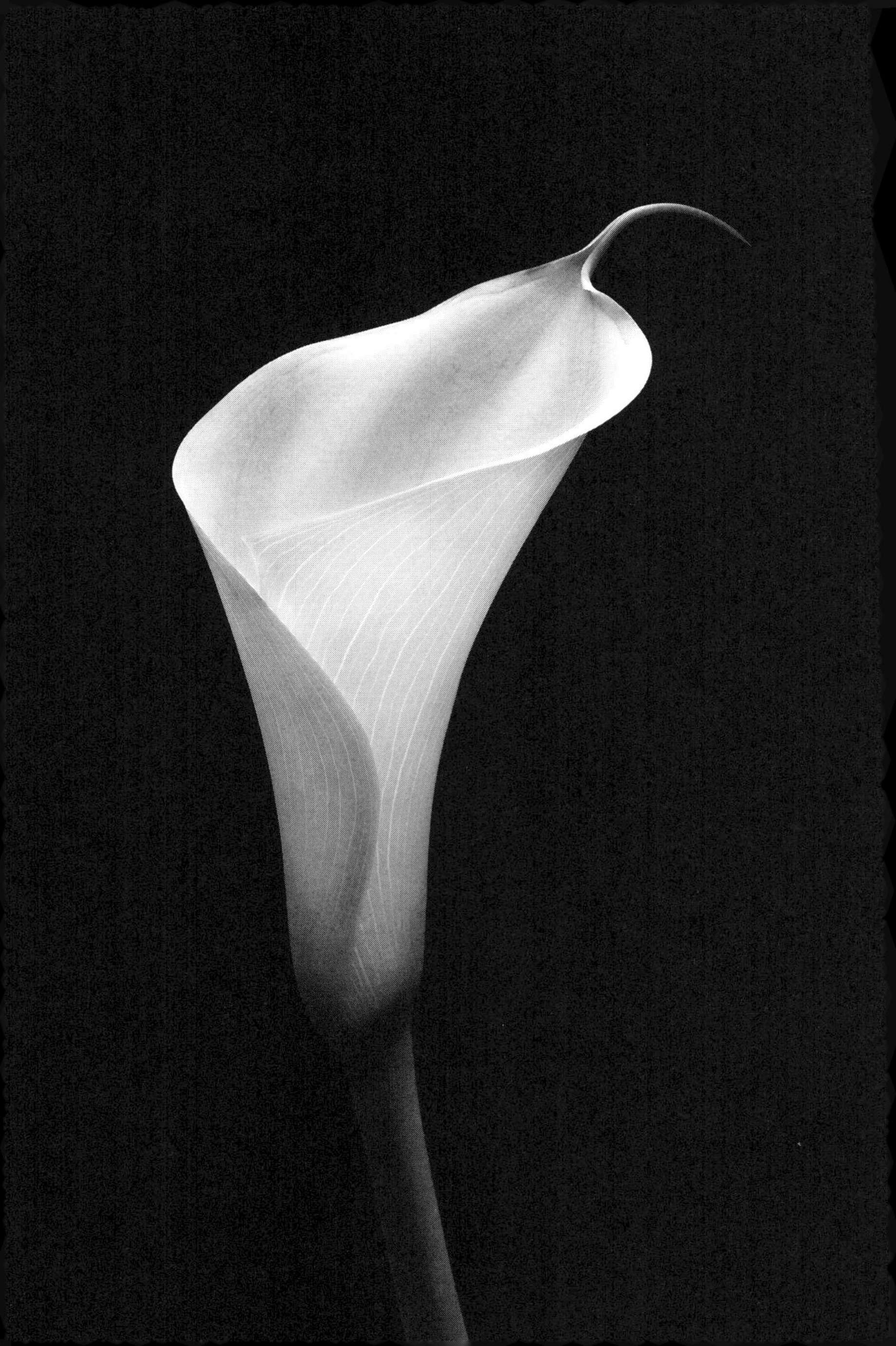

美は、
自然に着想を得たパックス製品における
究極の効率のあかしだ。

パックス・グループという会社は、フィボナッチ数列に基づく幾何学を取り入れ、送風機の羽根の形状を根本からつくり変えた。するとどうなったか？　エネルギー効率が15〜35パーセント高くなり、50〜75パーセント静かになった。これぞ本領を発揮した美の姿だ。

　レオナルド・ダ・ヴィンチはノートにこう書いている。「自然の発明より美しく、簡単で、経済的な発明は見つからないだろう……母なる自然の発明には、足りないものも余計なものもない」

　生物模倣技術(バイオミミクリー)の専門家ジャニン・ベニュスは、自然はごくわずかな材料を使って製品をデザインする、と説明する。材料は少ないが、形を活かして機能を創造するのだ。ベニュスによれば、プラスチックに似た天然の素材はどれも5つのシンプルなポリマー［訳注：高分子の有機化合物］のいずれかだという。生物がこうしたポリマーを求めるため、ポリマーは土の循環(サイクル)に回帰しやすい。それに引きかえ製造業界では、350種類の複合ポリマーを使っており、それが原因でリサイクルがむずかしくなっている。「デザインの課題はそうした形のつくり方を学ぶことです」とベニュスは言う。

　クリプシュ・オーディオ・テクノロジーズのデザインするホーン搭載スピーカーは、人間の耳の形から着想を得ている。こ

のアプローチから生まれたスピーカーは、小さな音も大きな音も正確に再生し、高指向性の音像をつくって、癖のない低、中、高音域を実現することができるし、きわめて効率がいい。創業者ポール・クリプシュの口癖は、「品質は効率に正比例する」だった。

シンプルさと効率は、美学という分野に一貫して見られるふたつの特徴だ。どんな生き物にも無駄をなくす本能がある。エネルギー、物質、食物を効率的に使用することは、すべてのシステムに共通する「エネルギーポテンシャルを失う傾向」、すなわちエントロピーに対する最大の防御だ。シンプルさと効率から力を得る美学は、減りゆく天然資源の時代で成功するための強力なツールとなる。

「デザインマインドの働きには驚くばかりです」とベニュスは言う。「生物がどう機能しているかを話せば、デザイナーはそれを受け止め、世界をつくり変えてくれるでしょう」

ヤモリの足裏の
細かい毛から、
再利用可能な
スーパー接着剤の
デザインが生まれた。

よいデザインには徳がある

　よいデザインとは何か。これは数十年にわたってデザイン界を悩ませている問題だ。この話題がもちあがると、「見る人しだい」という答えで片がつくと決まっている。誰かが「よいデザインとは機能するデザインだ」と言い、別の誰かが「何が機能するかを決めるのは個々のユーザーだ」とつづけるのだ。ここで誰もがうなずいて、会話に区切りがつく。だが、疑問が完全に解消することはない。

　私はもっと普遍的な答えがあると信じている。それはこういうことだ。よいデザインの決め手となるのは、見る人というより、美学と倫理の組み合わせだ。よいデザインは徳を表す。どんな徳か？　それは古き佳き徳、たとえば、寛容、勇気、勤勉、正直、実質、平明、好奇心、倹約、機知だ。これに対し、悪いデザインは人間の悪徳を表す。利己心、恐れ、怠惰、虚偽、狭量、混乱、無感動、浪費、愚かさ。

　言い換えると、私たちがデザインに求めるのは、仲間である人間に求めるものと同じだ。倫理的な徳と美学の徳を組み合わせると、よいデザインができあがる。

　古代ギリシャ人はこの理想を、知る、つくる、するという文脈で表現した。「真理を知る。美をつくる。善いことをする」。スティーブ・ジョブズは、こんな言葉にしている。「デザイン

とは、人の手になる創造物に宿る魂だ」

　魂は美と同じく、儚い性質のもので、顕微鏡で見ようとすると消えてしまうが、街で出会ったときははっきり見える。こういう特質が20世紀流のビジネスには欠けている。狭い範囲の短期的な成功を重視し、広範にわたる長期的な成功を軽視しているせいだ。

　グローバル企業研究の第一人者だったスマントラ・ゴシャールは、法人企業を「社会への適応が不十分で、一次元的」と評した。彼によると、従来型の経営が招くのは、怒りっぽい顧客、覇気のない従業員、そして分断された社会だという。

　この状況が変わるとしたら、それはなぜか？　変わらなくてはならないからだ。顧客が全能であるばかりか全知でもある時代、過剰生産のために環境が崖っぷちに立たされている時代に、収益ばかりを利己的に追い求めるのは悪いデザインだ。これに対し、よいデザインとは、意図的に道徳という次元を加えた新しい経営モデルである。それは株主だけでなく、従業員、顧客、コミュニティにも役立つ。工業化時代以降では初めて、デザインを存分に活かしたビジネスが、成功するビジネスとなるだろう。

深くデザインする

　現代的な会社(カンパニー)を築こうとするリーダーなら、侍従長一座(ロード・チェンバレンズ・メン)と呼ばれた昔の劇団(カンパニー)について学ぶのも悪くない。その CEO、ウィリアム・シェイクスピアは、深さという美学の原則をフルに活用した。複数の階層に働きかける娯楽作品をデザインすることで、顧客の数を増やしたばかりか満足度も高め、結果、観客たちは足しげく通うこととなった。

　シェイクスピアは特等席を占める王族から、エールと尿に浸ったおがくずを踏みしめる土間客まで、どの観客層にも訴えかけた。台詞は高尚な哲学から低俗なユーモアへとリズミカルに切り替わり、場面は独白と、剣を交えた決闘を行ったり来たり。登場人物は社会のあらゆる人たちを代表していた。

　この戦略は利益を生んだだろうか？　いかにも。引退するころには、シェイクスピアはロンドンでもっとも成功した俳優一座(カンパニー)の主宰者となっていた。

　深さという原則はどんな会社(カンパニー)にも適用可能だ。つぎのページに、会社の中心にあるビジョンから対外的なブランドまで、ビジネスの各部分が多層的な理解の構造にどう関連づけられるかを示した。新たな富(ニューマネー)が意義だとしたら、深さは最重要なものである。

ビジョン
ビジネスの
核となる要素。
目的、ミッション、
価値観、戦略など。

アイデンティティ
会社のビジョンを
表すシンボル。
声、視覚表示、
個性、特徴など。

文化
会社内の協力体制。
プロセス、
組織構造、
相互の関係、
言語など。

製品
会社に競争力を
もたらす製品、
サービス、体験。

ブランド
ビジョン、
アイデンティティ、
文化、製品を
顧客価値に転換する
行動と
コミュニケーション。

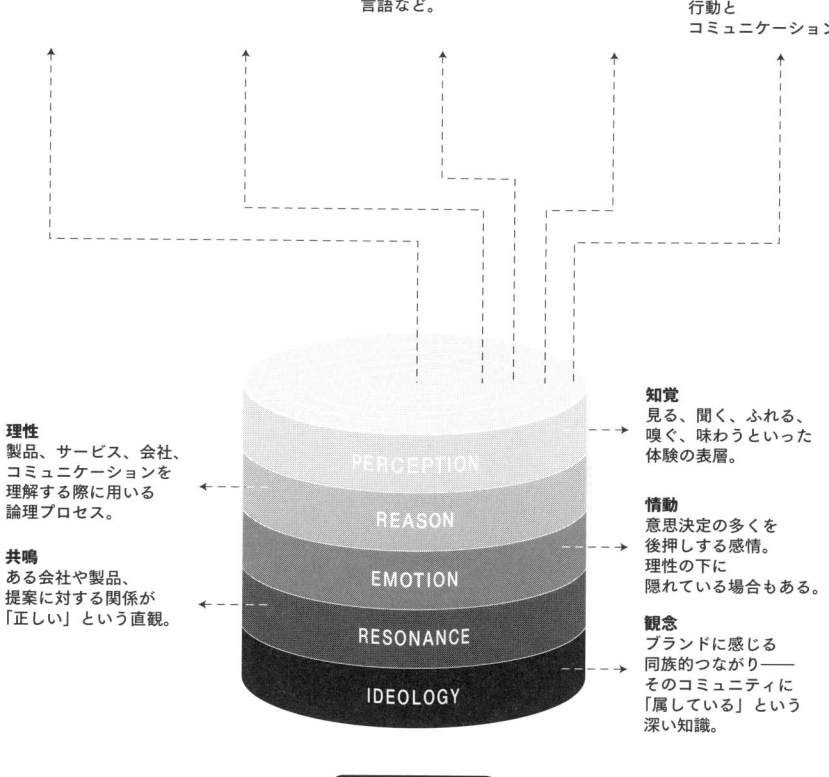

理性
製品、サービス、会社、
コミュニケーションを
理解する際に用いる
論理プロセス。

共鳴
ある会社や製品、
提案に対する関係が
「正しい」という直観。

知覚
見る、聞く、ふれる、
嗅ぐ、味わうといった
体験の表層。

情動
意思決定の多くを
後押しする感情。
理性の下に
隠れている場合もある。

観念
ブランドに感じる
同族的つながり——
そのコミュニティに
「属している」という
深い知識。

PERCEPTION
REASON
EMOTION
RESONANCE
IDEOLOGY

深いデザイン

PART3：変化を生むレバー

イノベーションを勢いづけるてこ(レバー)

　いろいろな会社の企業ミッションを見渡すと、陳腐な文句ばかりが目につく。「第1の目標はイノベーション」「わが社のビジョンは革新的ソリューションを開発すること」「イノベーションこそ、弊社の務めです」

　あいにく、タグラインに「イノベーション」をはめ込むだけでは魔法は起こらない。革新性をめざすなら、イノベーションの文化を築くことが必要だ。

　効率のいい弾み車(フライホイール)を活用すれば、イノベーションの文化はほんの少しの入力で勢いがつくし、蓄えられたエネルギーを必要に応じて大量に放出することも可能だ。イノベーションの文化があれば、多くの控え要員も素早く反応できる。

　もちろん、この原則をもとに会社を一から築くやり方もあるだろう。だが、すでに営業中の企業を変えるにはどうするか？ その秘訣はてこの支点(レバレッジ・ポイント)を使うことだ。このPART3では、変化の軌道に乗りたいクライアントに対してわが社が活用してきたてこ(レバー)をいくつか紹介しよう。会社というのは千差万別なので、説明は概略にとどめ、解釈の余地を残しておく。レバーには1から16まで番号をふってあるが、その順番で使う必要があるわけではない。また、どの会社も16個すべてを採用しなければ変化を創出できないということでもない。

レバー１：胸が高なるビジョンを掲げる

　トニー・シュワルツは、興味深い前提に基づいてコンサルティング会社エナジー・プロジェクトを設立した。もっとも強力な資源は時間ではなくエネルギーである、という前提だ。人と組織はエネルギーを拡大することはできるが、時間は拡大できない。だから、リーダーは組織のエネルギーの管理者とならなければならない。

　ここまではいい、でもどうやるのか？　ひとつの方法は、人を引きつける包括的なビジョンを描き、社内の全員を釘づけにすることだ。つぎに、立ちはだかる厄介な問題に対する大胆な解決を求める。他社が尻込みして取り組めずにいる問題ならなおさらよい。そして望ましい行動に対する報酬として、ビジョンに沿った活動をする従業員やチームに、目に見える支援を与える。

　会社の思想の核となる考え方に抗しがたい力があれば、驚くほど多くの情熱を呼び起こすことができる。大きな目標があると、人はたいてい小さな問題を振り切って突き進む。そこから生じるのは、隠れた才能を解き放ち、みずからの期待をつねに上まわる文化だ。

　フォーチュン誌の「働きたい企業ベスト100」で、先ごろグーグルが１位に選ばれた。たしかに、この会社はどのポス

トに対しても応募の数が100を超える。なぜか？　無料のランチがあるから？　デイケア施設？　自社株購入権(ストックオプション)？　そうではないだろう。上位100社には似たような特典のある企業がひしめいている。1位になったのはそういう特典のおかげではなく、グーグルの掲げる高邁なビジョンゆえだ。

　「世界の情報を組織化し、誰にとってもアクセス可能で役立つようにする」——こんな目標に協力を求められた社員は、胸が高鳴るにちがいない。金銭的な魅力も職場の特典も、月着陸レースという魂を揺さぶる目標と比べれば色あせる。

　もしも企業が未来をうまく思い描けないとどうなるか。20世紀最大級の成功を収めた企業、ゼネラル・モーターズ（GM）には、トヨタと同時期にハイブリッドカーを製造する技術があった。だが「どうせできない(キャント・ドゥ)」文化が災いし、製品開発のリーダーたちは、1億ドルの費用が見込まれる事業計画を怖くて取締役に上申できなかった。

　「結局、コストはそんなものではすみませんでした」と製品開発責任者のボブ・ルッツは語っている。「テクノロジーのリーダーという地位とイノベーションとが犠牲になったのですから」。保身のせいでブランド価値を損ねてしまったのだ。GMの文化は喜びにあふれた創造ではなく、恐れ(レイ)の文化であり、隠れた才能(テント・タレント)は隠れたままだった。

PART3：変化を生むレバー

↔ LATENT

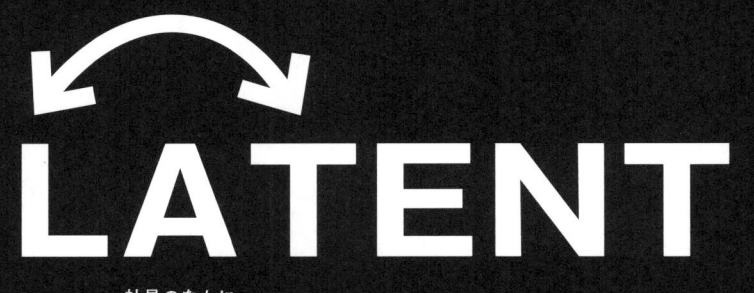

社員のなかに
隠れた才能は
見つかるだろうか?

元米国労働長官で『暴走する資本主義』（東洋経済新報社）の著者、ロバート・ライシュによれば、リーダーの仕事とは、人々が拒絶や批判を乗り越えるのを助け、「理想と現実のギャップを埋め」られるようにすることだという。それはまさにあの「竜のギャップ」、「ありうる状態」と「いまある状態」のあいだにあるクリエイティブな空間だ。抗しがたいビジョンを明確に示せるリーダーは、人々に創造する勇気を与える。

　鮮明な未来図を描くことは、純粋にデザインの問題だ。ビジョンにデザイン思考を吹き込む人は、「つくる」スキルを使い、さらに多くの選択肢を見つけて示す。前に進む道を単に決定(ディサイド)するのではなく、前に進む道をデザインしはじめるのだ。

　企業が失敗するのは進路の選択を間違えるからではない。もっといい道筋を想像できないからだ。

　想像力に乏しいリーダーは、ビジョンを求めて既製服のラックに手を伸ばしながら、なぜ自分のリーダーシップに誰もついてこないのか不思議に思う。

　安全で楽な目標に触発される人などまずいない。スターバックスの創業者ハワード・シュルツはこんな言い方をした。「すぐに叶う夢など、誰が欲しがるだろう？」。競争相手を最初から上まわるのが目標なら、夢は大きく描くことだ。

レバー2：豊かなストーリーを語る

　革命を導くのはトップでなければならないが、革命がトップからはじまることはめったにない。革命の精神は、意欲的な従業員と忠誠心のある顧客の心と頭に、もとから存在している。そしてそれは、従業員が自分の仕事について語る個々のストーリーに現れる。顧客が愛する製品について語る個々のストーリーにも現れる。リーダーはおおむね、一種の編集長の役回りを演じ、ストーリーを、共有されているビジョンに沿った形にするだけでいい。

　このレバーを最大限に活用するには、会社やその製品にまつわる小さなストーリーを全部集め、ひとつの大きなストーリーにまとめることだ。

　たとえば、ミニ・クーパーについての全ストーリーをまとめたら、「車で行こう（レッツ・モーター）」をタイトルとする大きなストーリーができあがる。会社、あるいは顧客の語る個々のストーリーが、このメインストーリーからずれていることはまずない。ふたつの簡潔な単語で、ミニはブランドの共有されたビジョンを確実に表現している。そのビジョンとは、同族としての一体感とフォーカスされた差別化を組み合わせたものだ。

　ジェットブルー航空はブランドのビジョンを練りあげた際、ウィットのあるサウンドバイト［訳注：短い刺激的な表現］をい

くつも融合させて、従来の航空会社との差別化を図った。そしてそれらのサウンドバイトはフリーメディアで届けられた。座席の背のポケットに入れた説明カード、自動チェックイン機のタッチスクリーン、ジェットブルーの特長である足元スペースの拡張について明記したウェブサイトの座席選択ページ……。

　同社に電話をかけて幸運にも保留になった人は、保留についての愉快なストーリーでもてなされる。「保留(ホールド)にされているとはお考えにならずに」となだめるような声が語りかけるのだ。「抱擁(ヘルド)されているとお考えください」。つづいて、嬉しい抱擁の例がいくつか挙げられ、話はおかしみを増していく。やがて、保留にされなかった利用者たちまで、保留にしてくれと頼むようになった。

　こうしたサウンドバイトを合わせると、ひとつの大きなストーリーが形づくられる——「乗客の喜びに徹底的にフォーカスした航空会社」だ。ジェットブルーが下す意思決定はどれも、この大きなストーリーでふるいにかけられるようになった。

　ストーリーというものは、自分の体験を語りたい、共有したいという私たちの欲求からとめどなく生まれるが、なかにはひときわキャッチーなストーリーがある。

　『アイデアのちから』（日経 BP 社）で共著者のチップ・ハースとダン・ハースが紹介するのは、コーギー犬についたひっつ

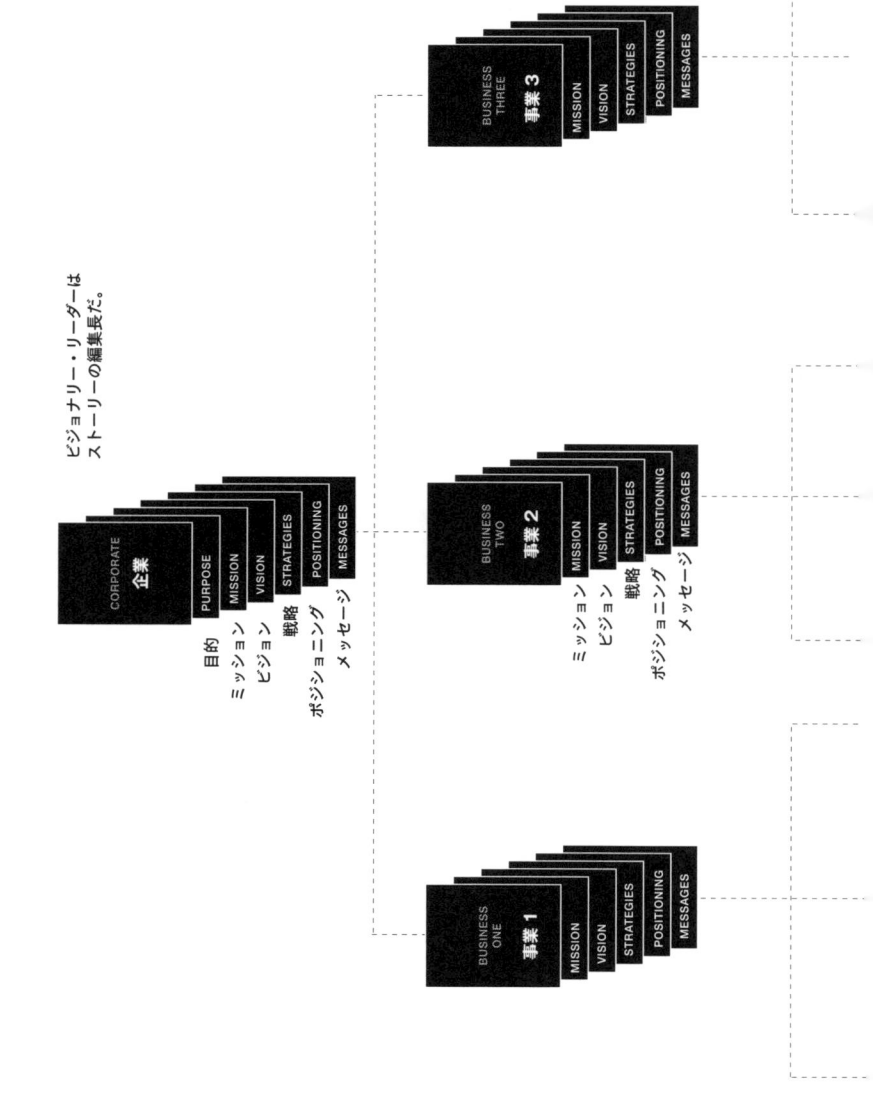

ビジョナリー・リーダーは
ストーリーの編集長だ。

CORPORATE 企業
- PURPOSE 目的
- MISSION ミッション
- VISION ビジョン
- STRATEGIES 戦略
- POSITIONING ポジショニング
- MESSAGES メッセージ

BUSINESS ONE 事業1
- MISSION ミッション
- VISION ビジョン
- STRATEGIES 戦略
- POSITIONING ポジショニング
- MESSAGES メッセージ

BUSINESS TWO 事業2
- MISSION ミッション
- VISION ビジョン
- STRATEGIES 戦略
- POSITIONING ポジショニング
- MESSAGES メッセージ

BUSINESS THREE 事業3
- MISSION ミッション
- VISION ビジョン
- STRATEGIES 戦略
- POSITIONING ポジショニング
- MESSAGES メッセージ

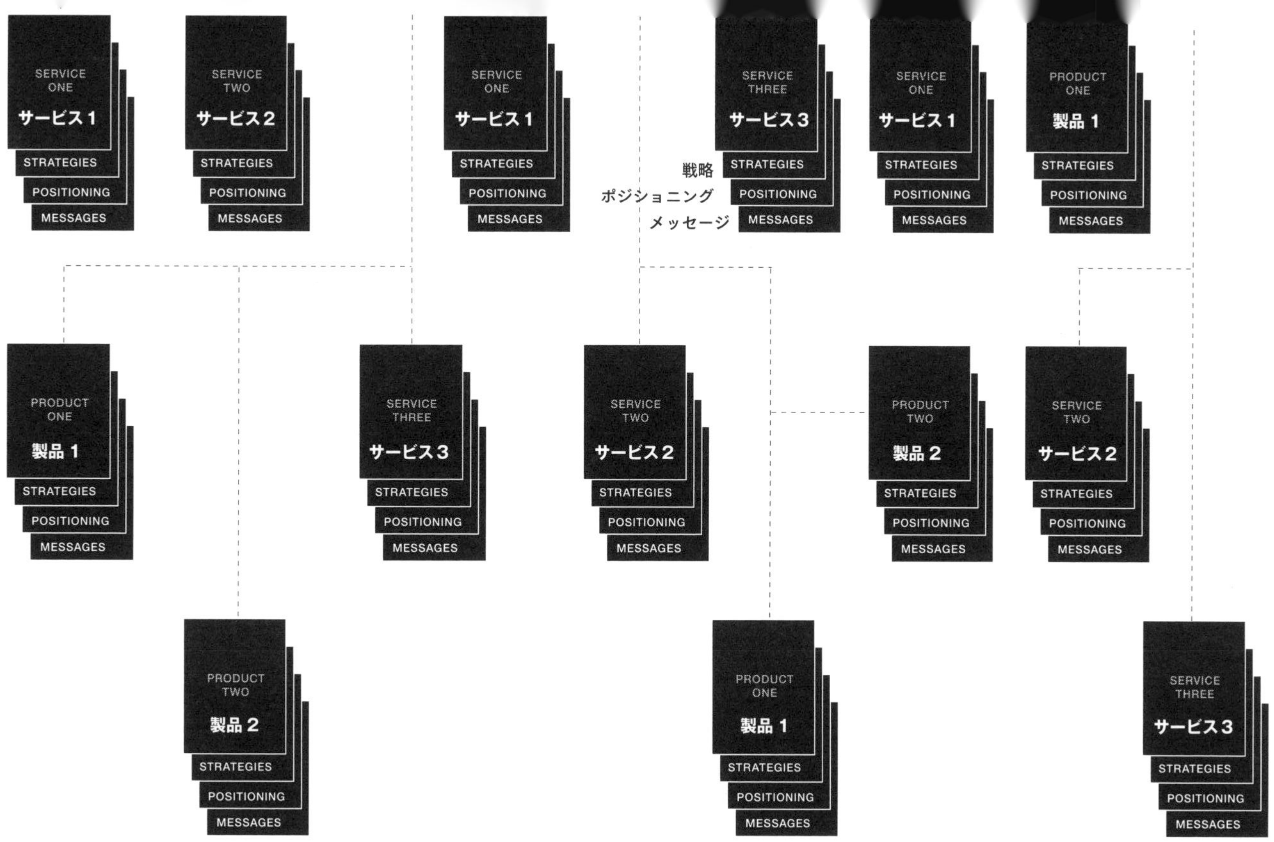
SERVICE ONE
サービス1
STRATEGIES
POSITIONING
MESSAGES
SERVICE TWO
サービス2
STRATEGIES
POSITIONING
MESSAGES
SERVICE ONE
サービス1
STRATEGIES
POSITIONING
MESSAGES
戦略
ポジショニング
メッセージ
SERVICE THREE
サービス3
STRATEGIES
POSITIONING
MESSAGES
SERVICE ONE
サービス1
STRATEGIES
POSITIONING
MESSAGES
PRODUCT ONE
製品 1
STRATEGIES
POSITIONING
MESSAGES
PRODUCT ONE
製品 1
STRATEGIES
POSITIONING
MESSAGES
SERVICE THREE
サービス3
STRATEGIES
POSITIONING
MESSAGES
SERVICE TWO
サービス2
STRATEGIES
POSITIONING
MESSAGES
PRODUCT TWO
製品 2
STRATEGIES
POSITIONING
MESSAGES
SERVICE TWO
サービス2
STRATEGIES
POSITIONING
MESSAGES
PRODUCT TWO
製品 2
STRATEGIES
POSITIONING
MESSAGES
PRODUCT ONE
製品 1
STRATEGIES
POSITIONING
MESSAGES
SERVICE THREE
サービス3
STRATEGIES
POSITIONING
MESSAGES

き虫のように頭から離れないストーリーの数々だ。なかでも示唆に富むのは都市伝説で、それらは何より記憶に残るストーリーだと実証されている。マジックテープばりのその付着力の理由は何なのだろう？　著者たちによれば、①シンプルであること、②意外性があること、③具体的であること、④信用できること、⑤感情に訴えることだという。この５つの原則を、会社の重要なメッセージに沿ったストーリーに適用すれば、顧客と会社の感情的な絆が強まる。

　ジェットブルーは、ニューヨークからカリフォルニアという同社初となる長距離路線を就航した際、ある問題に直面した。それは、高い快適度と低料金というビジネスモデルでは、従来のような機内食サービスを提供できないという問題だった。

　マーケティング担当副社長のエイミー・カーティス‐マッキンタイアは、乗客ひとりにつきたった１ドルの予算で、この問題を解決しなければならなかった。彼女は、石のように硬いベーグルにひと切れのランチョンミート、それにチョコキャンディの〈トゥッツィ・ロール〉を配膳するくらいなら、ストーリーを語ったほうがいいと判断した。

　結局、全米横断路線の乗客に配られたのは会社のロゴ入り買い物袋(デリバッグ)で、その中身は（なんと！）Ｔシャツだった。前面にはニワトリの絵と"Nature never meant it to fly（飛べないは

ずなのに）"の文字。そして背中にはこう記されていた。「快適な革張りシート、ディレクTV見放題、低料金。ゴムのような硬いチキンはなし」。人々はわかってくれた。メディアも気に入ってくれた。こうしてジェットブルー・ブランドの人気は一気に上昇(テイクオフ)した。

　ストーリーを語ることがもたらしたこの成功を、ハース兄弟のチェックリストに照らしてみよう。①シンプルか？→○。②意外性は？→◎。③具体的か？→もちろん。「ゴムのようなチキン」とあるから。④信用できるか？→まさに。機内食はどのみち乗客が負担していると誰もが知っている。⑤感情に訴えるか？→間違いない。利用客は、ほかの航空会社の、窮屈で面白みがなく、高価な座席で何度も耐え忍んだ「刑務所食」を思い起こし、このストーリーに安心感と楽しさ、小気味よい満足感を覚えるからだ。

　だが、ときには会社の外からストーリーが、しかも嬉しくないストーリーが生まれることもある。2007年冬、激しい氷雨(アイスストーム)を伴う暴風が発生し、ジェットブルーのフライトスケジュールは忙しい連休の前日に大混乱をきたした。利用客の乗り遅れ、荷物の紛失、長蛇の列。電話対応の遅延は、ユーモラスな保留メッセージでもさすがにフォローしきれなかった。顧客とメディアは甘くなかった。ブログの世界はぞっとするストーリーで

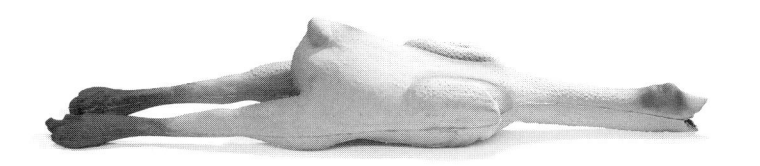

沸きかえり、ジェットブルーが懸命に築いてきた顧客本位のブランドに傷がついた。

　ほかの航空会社なら、責任を転嫁したかもしれない。なんといっても、天候は人がコントロールできるものではないからだ。ところがCEOのデイビッド・ニールマンはあるメッセージで顧客を驚かせた。それはシンプルで意外性があり、具体的で信用できる、感情に訴えるメッセージだった。彼は何日とたたないうちに全顧客にEメールを送信し、この災難の全責任をジェットブルーが負うことを明らかにした。「弊社が引き起こした不安、苛立ち、ご不便をどれほど申し訳なく思っているか、とても言葉では表せません。とりわけ悲しいのは、ジェットブルーが創業時にお約束していたからです──空の旅に人間らしさを取り戻し、弊社をお選びになった皆様の航空体験をより満足のいく、よりくつろげるものにいたします、と」。ニールマンはつづけて具体的で信用できる救済策を発表した。ジェットブルー航空顧客権利章典である。

　Eメールの末尾をクリックすると、顧客はニールマンの誠実な、感情のこもった謝罪のビデオを見ることができた。メディアの騒ぎはアイスストーム(ストーム)のようにたちまち収まった。ジェットブルーは顧客の反乱を鎮めただけでなく、無料のスポットライトを浴びた時間に、ストーリーのつづれ織りをさらに広げ、顧客のロイヤルティという絆を強めたのだ。

jetBlue AIRWAYS

ジェットブルーをご利用のお客様

私たちは申し訳ないと同時に恥ずかしい気持ちでいっぱいです。
しかし何よりも、心からお詫び申し上げたく存じます。

先週はジェットブルーの7年にわたる歴史上、最悪の1週間でした。北西部で激しいアイスストームが発生したのち、お客様には、容認しがたい遅延、欠航、荷物紛失など、多大なご迷惑をおかけしました。嵐のために航空機の移動は混乱し、さらに重要なことに、ジェットブルーのパイロットと乗務員の移動も混乱に陥りました。彼らはそうした航空機で空港に移動し、お客様に応対する予定になっていたのです。大統領の日を含む三連休の混雑のため、予約変更の余地はわずかしかなかったうえ、1-800-JETBLUE の電話回線は、保留時間が受け入れがたいほど長くなり、または一切つながらず、復旧努力がさらに遅れる原因となりました。

弊社が引き起こした不安、苛立ち、ご不便をどれほど申し訳なく思っているか、とても言葉では表せません。とりわけ悲しいのは、ジェットブルーが創業時にお約束していたからです——空の旅に人間らしさを取り戻し、弊社をお選びになった皆様の航空体験をより満足のいく、よりくつろげるものにいたします、と。

弊社はお客様を第一に考え、現在、信頼回復に向けて早急な改善措置に取り組んでおります。お客様にはよりよい、そしてよりタイムリーな情報をお届けするとともに、乗務員はより多くのツールと資源を用意し、今後の運航上の困難に備えて手続きの改善を図るといった、総合プランの設置に着手しました。こうした措置の結果、ジェットブルーはいままで以上に信頼できる、カスタマー対応に優れた航空会社になるものと確信しております。さらに重要なのは、ジェットブルー航空顧客権利章典を発表したことです。これはお客様に対する公式の誓約で、今後の運航の中断への対応手順や、補償の詳細などを記したものです。航空業界をリードするこの方針についてご覧いただけるよう、ビデオメッセージを用意いたしました。

先週、弊社は皆様にもっとよい、はるかによい待遇をしてしかるべきでした。お客様の信頼を回復することより大事なことはありません。弊社一同、皆様をまた機内にお迎えし、ご期待に沿う豊かなジェットブルー体験を提供する機会をいただけるよう願っております。

敬具

D. Neeleman (署名)

ジェットブルー・エアウェイズ創業者・CEO
デイビッド・ニールマン

レバー３：イノベーションセンターを組織する

　ストーリーは文化を築きあげる強力な構成要素となる。同じ働きをするものにはほかにも、ブランド使用のガイドライン、プロセスマニュアル、デザイン基準、トレーニングビデオ、フォトライブラリ、人名録、協働スペース、ブログなど多くの社内資産がある。

　ただ、変化を生むレバーを創造するには、こうした資産をイノベーションセンター（別名デザインセンターもしくはブランドセンター）へと組織化する必要があるだろう。もっとも実用的な設置場所は会社のイントラネット上だ。そうすれば、誰もが簡単にツールに手が届く。

　このイノベーションセンターは、雑誌の体裁をしたツールキットとして考えるといい。ツールとはアイデア、手順、プロセス、近道（ショートカット）、デザイン要素（エレメント）、画像、スライド、訓練モジュールその他の共有資産のことだ。雑誌には、ストーリー、ケーススタディ、ブログなど、創造性と卓越性を喚起するためにデザインされたアイテムが含まれる。会社のビジョン、ミッション、目標の明確な表明もだ。こうした資産のすべてを組織化し、デザインし、結びつけると、会社をしなやかな創造的ユニットに変貌させる力が得られる。

　ここでも、カギを握るのはデザインだ。イントラネットサイ

トがたいがいうまくいかないのは、ほかの形式のメディアと対等に張り合おうとしないからだ。選択肢がある場合、人は「むずかしい」よりも「簡単」を、「見た目が悪い」よりも「魅力的」を選ぶ。

　工業化時代の後を受け継ぐのは情報化時代だとうたわれてきた。だが、デジタル革命の真の恵みは情報ではない。協力（コラボレーション）だ。チームで働くことで才能を増幅させる力が、継続的イノベーションの核となる。

　イノベーションやブランド構築に貢献する専門職が1万人以上いる大企業は少なくないが、もし1万人いれば5,000万もの協力関係を築けるだろう。専門職の数が増えるにつれ、組み合わせの数は幾何級数的に増加し、協力は重要なレバレッジ・ポイントとなる。

　イントラネットサイトがいかにして協働のプロセスを媒介するのか、私たちはまだその一端を理解したにすぎない。だから、このレバーを巧みに使いこなす人々は、文化が武器となるレースで早々にリードを奪えるだろう。

レバー4：社内にデザインマネジメントを確立する

　たいていの企業は、絶え間なく日常的なデザイン資料をつくっている。製品、印刷物、ウェブサイト、標識、小売環境、パッケージング、見本市の展示、広告、マニュアル、財務報告──つまり20世紀の「ポスターとトースター」だ。だがこれからは、ここに新たなリストを加えよう──カスタマーエクスペリエンス、経路誘導（ウェイファインディング）、サービスデザイン、操作プロセス、ブランドトレーニング、組織デザイン、意思決定、ビジネス戦略、そしてソート・リーダーシップ。こうしてみると、強力なデザイン経営（マネジメント）が必要だとわかってくるはずだ。

　ただし、社内におけるデザイン機能の確立について検討するには、まず洞窟壁画の時代から内部のデザインマネジメントを苦しめてきた問題に取り組む必要がある。それは七つの文字に凝縮することができる。R-E-S-P-E-C-T（敬意）だ。デザイナーが会社に雇われたとたん、その才能に対する評価は、ショールームのBMWの価値より速く下落する。数か月もすれば、この新入りは低レベルな作業で手一杯になり、上層の会話からのけ者にされるだろう。

　なぜそうなるかは、もう1冊本が書けるくらいのテーマなので、ここではいきなり解決法に移るとしよう。「消えていく価値」の解決策は、社内のデザイン機能を独立したデザインス

タジオとして想像することだ。敬意は実績と主体性がそろったときに生じるので、成功したデザインスタジオをまねれば、外部の会社に払われるのと同じくらいの敬意を引き出すことができる。私がコンサルタント経験から得た、この試みを実行する際の３つのヒントを紹介しよう。

　①外部と競争する　社内のデザインチームは、与えられた仕事をただこなすのではなく、もっとダーウィン主義的な適者生存のアプローチをとって、世間のデザイン会社と肩を並べられるだけのスキルを養うといい。独自の契約プロセスを開発し、未着手の興味深い問題を探して、社内のクライアントに売り込みをかけることもできる。外部の会社のように、パフォーマンス測定基準(メトリクス)やデザインコンペティションで有能さ(コンピタンス)を証明することもできる。

　一流のデザインマネジメント・コンサルタントであるデイビッド・ベイカーによれば、「金は敬意の通貨である」。彼はデザイン部門の業務に金銭価値を認め、チャージバック・システム［訳注：社内の事業へのサービスを有料化するシステム］を導入することを推奨している。

　また、従来型の広告が崩壊しつつある一方で、オンライン販売のルールはいまだゼリーのように固まっていない状態のなか、このジャンルで、社内のデザイン部門が決定的な役割を果たせ

RES

PE T
C

社内デザインチームで
最初に犠牲になるのは敬意だ。

るかもしれない。予算を投じるべきは携帯メール・キャンペーンか、それとも音楽ビデオ・サービスか？　賭けに出るとしたら検索連動型広告か、バナー広告シリーズか？　正解は誰にもわからない。こういった疑問にマーケターは何年も頭を悩ませ、その後ようやく未知のものが既知になる。それまではどちらに転ぶかわからないのだから、試しにやってみてはどうか？

②ソート・リーダーシップを提供する　適者生存モデルを採用すると、会社の全プロジェクトがデザイン部門を通るとはかぎらなくなる。それでいい。第1に、どのプロジェクトも等しく重要というわけではないからだ。第2に、デザイン部門に余力がなくて、十分な注意を向けられないプロジェクトもあるからだ。そして第3に、プロジェクトの責任者が単に外注したいという場合もあるからだ。すべてがデザイン部門の思いどおりになるわけではない。たとえば、ヒューレット・パッカード（HP）では、デザインの決定権は企業のトップが握っている。コーポレートデザインの責任者を務めるサム・ルセンテによれば、「肝心なのは説得することです」。彼とチームの面々は最善を尽くしてデザインを説明し、そして決定権者に決定を委ねるわけだ。

デザインマネジャーの役割は重要だが、デザインについて説得する者の役割はさらに重要かもしれない。社内のデザイン部

門はイノベーションやデザイン思考、ブランド構築の教育プログラムを実施して、デザイン思考を活性化したほうがいい。いちばん速く真理を広める会社が勝利を収める。

③壁を取り壊す　多くのデザイン会社のオフィスがあのように開放的なのには、それなりの理由がある。働きやすくするためだ。この3つ目のヒントは、最初のふたつのあとでは些細なことに思えるかもしれないが、部署内の壁を（物理的にも比喩的にも）取り払えば、創造的協力〈クリエイティブ・コラボレーション〉の道筋が大きく開ける。オープンスペースと高い天井によって、すぐに会社の才能の束縛が解かれ、錠が開けられ、箱から出されるだろう。さらに、この特権を会社全体に広げるのも悪くはない。21世紀の自律型〈ノーカラー〉の職場では、ひらめきをもたらすオープンで創造的な環境の価値は計り知れないものがある。

　さて、デザイン部門を独立オフィスとして想像したあなたは、デザインマネジメントのスキルが身についたはずだ。デザイン思考に長けた精鋭たちのコアチームをつくり、社内クライアントと協働する専門的プロセスを開発して、ソート・リーダーという評判を獲得し、壁を打ち壊して、高度なクリエイティブ・コラボレーションを促進させている。敬意はあなたのものだ。つぎの大きなチャレンジへの準備は整った。

レバー5：メタチームを編成する

　最初の著書『ブランドギャップ』で、私は統合マーケティングチーム、つまりメタチームを組むことを提唱した。メタチームというコンセプトは、説得力があると同時に圧倒的でもある。このコンセプトが提案するのは、スケールの大きな創造性を管理する最良の方法だ。それを実現するためには、①各分野で最高のスペシャリスト(ベスト・オブ・ブリード)たちを雇い、②そのスペシャリストたちをひとつのチームとして協働させる。つまり、メタチームとはさまざまなチームからなるチームだ。

　最高のスペシャリストやスペシャリストのチームが、創造的なプロジェクトでいかに能力を発揮できるかは、はっきりしている。だが、メタチーム全体を大きな目標に向けてどのように協働させるかは、さほどはっきりしていない。

　問題は、20世紀のビジネスが協力しないこと(ノンコラボレーション)を訓練する場だった点にある。企業が従業員、部署、外部の会社に報いるのは、個々の成果に対してと決まっていた。学校も同じことをしてきたため、協力することは一種のごまかしと映るようになっている。

　私たちが創造性の「ローン・レンジャー」［訳注：黒い仮面をつけて白馬にまたがり、悪と闘う西部劇のヒーロー。117頁写真］モデルを信じるようになったのも、それで説明がつくだろう。この

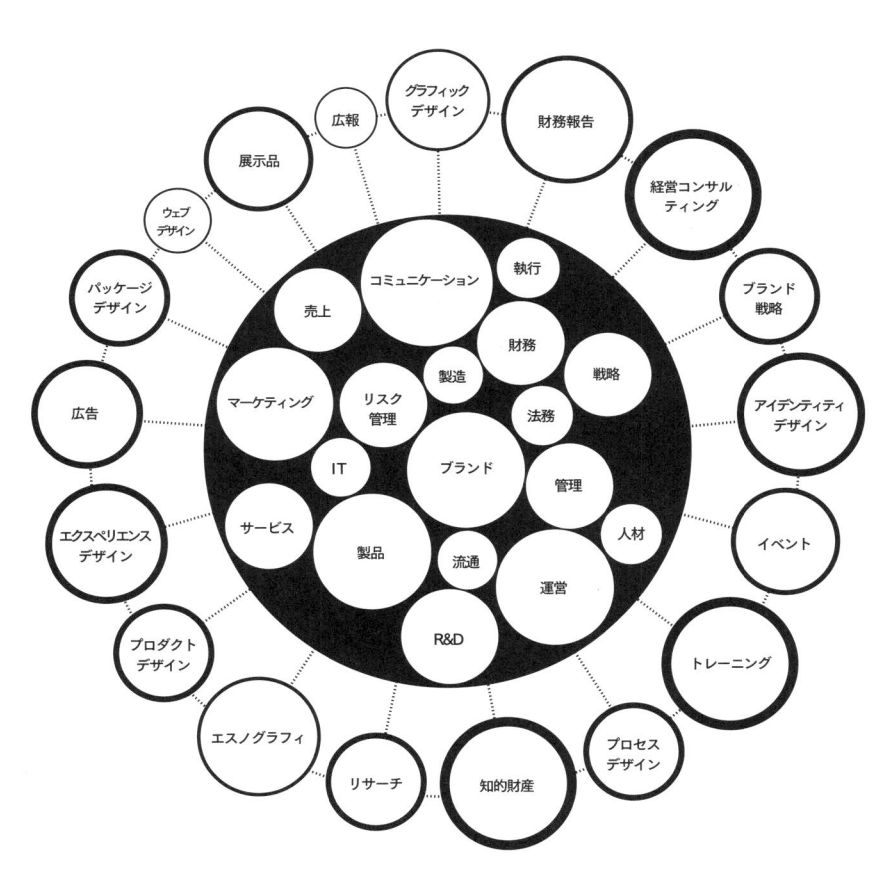

**メタチームは
進歩した創造性に最適なモデルだ。**

モデルを体現していたのは、フランク・ロイド・ライト、パブロ・ピカソ、ジークムント・フロイトといった傑物たち――同僚を協力者ではなくライバルとみなしがちな人たちだった。

ローン・レンジャー・モデルを捨てる利点はじつに大きい。能力の高いメタチームは、組織を俊敏で力強くまとまりのある事業体に転換することができる。革新性を高め、コストを低くすることができる。局面に応じて即座に拡大したり縮小したりすることも可能だ。

結局のところ、孤高の天才という創造性のイメージに反する具体例はいくつもある。ハリウッドの映画産業、ケネディの宇宙開発計画、エジソンの産業研究所などだ。それどころか、デザインの歴史をじっくり調べれば調べるほど、孤高の天才は事実というより神話だとわかってくる。

コーポレートデザインの未来がメタチームにかかっているとすれば、社内のデザイン部門の重要な役割は「それを管理すること」となる。ブランドマネジメントと同じく、デザインマネジメントは断じて外部委託してはならない。さまざまな戦略の転換や組織再編、リーダーの交代があっても、強靭で、安定している必要がある。

逆に、ブランド関連プロジェクトの実施に必要なデザインスキルの多くは、かならずアウトソースしなくてはならない。外部にこそ、各分野で最高の専門家が見つかるからだ。例外は、

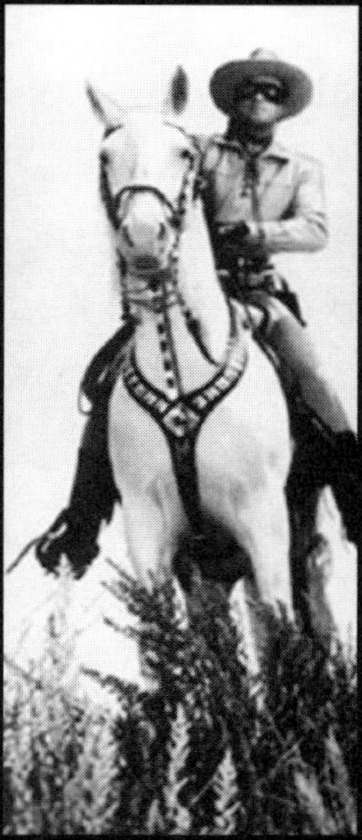

主要業務がデザインだという会社ぐらいだろう——ファッションメーカー、映画会社、出版社、広告代理店などだ。だが、デザイン中心の会社であっても、デザイン戦略を社内で策定しているかぎり、デザインの一部あるいは全部を外注してもかまわない。

　プロクター＆ギャンブル（P&G）は最近、R&D（研究開発）を「C&D」、つまり「連携開発（コネクト・アンド・デベロップ）」と定義しなおした。これによって同社は、幅広い層の個人発明家の知恵を借りられるようになった。P&Gは現在、新製品の半数は専属の研究所から、あとの半数はその研究所経由で生まれると想定している。経営学の泰斗、故ピーター・ドラッカーは、2004年にさらに極端な立場をとった。経営幹部に通じることのない職務はどれもアウトソースすべきだ、と言ったのだ。

　社内のクリエイティブ部門が、外部のエキスパートが得意とする分野で彼らを凌駕するとは考えにくい。長期的に見ればなおさらだ。自由市場はスペシャリストに、専門分野で深い領域経験を積む強いインセンティブを与える。

　だが、社内のクリエイティブ部門にも独自の深い領域経験、つまり会社についての知識がある。だからこそメタチームの努力の調整役として、内外のチームを共通の目標にフォーカスさせ、あらゆる要素の長期的なビジョンへの統合にフォーカスさせることができるのだ。

ローン・レンジャーも
ひとりで仕事をしたわけじゃない。

レバー6：「コンサーティーナ方式」で協力する

　クリエイティブ・コラボレーションのことを、キャンプファイヤーの定番ソング「クンバヤ」を歌うようなものと思われてもいけないので、念のためにメタチームは大人専用だと断っておく。わがまま娘(プリマドンナ)や、教室のいじめっ子、いくじなしはお呼びでない。チームワークとは創造性の進化型だ。謙虚で、寛大で、自立した参加者が求められる。

　自立したプロフェッショナルの集団を協調させるにはどうするか？　それには無理のない服務ルールを定めるのがいい。わが社の調べでは、意志の強い人たちが協力したいと思うのは、役割が明確に説明され、目標の全体が見渡せ、品質への強い信念が示される場合だ。逆に、狭量や混乱、期待の低さが仕事の妨げになりそうな場合は、協力するのを嫌う。

　創造性の発揮には、チームによるものと個人によるものとがある。ここでカギとなるのは、両方を合体させる協力のリズムだ。よいリズムはコンサーティーナ［訳注：ボタン式のキーがついている小型の蛇腹楽器。次頁写真］の演奏に似ていて、表現と影響を行き来する——別々に働き、それからともに働くのだ。

　少人数のチームや個人が別々に働くときには表現(エクスプレッション)し、深い経験をもたらす。ともに働くときには影響(インプレッション)しあい、それぞれの意見を広い視野にさらす。表現と影響を行ったり来たり

すると、その結果は妥協ではなく、足し算となる。回を重ねると、共有された考えから目をみはる飛躍が生まれる。

クリエイティブ・コラボレーションの主要ツールで、十分に活用されていないものに、デザイン概要書(ブリーフ)がある。よく練られた概要書は、協力者を共通の目標にフォーカスさせ、オリエンテーションのコストを削減し、役割と責任を分担して、測定基準(メトリクス)の枠組みを提示することができる。

ただし、概要書では、ガイドや方向づけ、指示はできても、人と人の交流で生じる心理に対処することはできない。衝突する意見、狭い了見、隠れた感情、すれちがう野心が引き起こす荒波を乗り越え、大きなグループでコンセンサスを勝ち取るには、どうしたらいいだろう？

レバー7：パラレル思考を導入する

　ここで経営学の導師による最先端のアドバイスを紹介しよう。
「論争を呼ぶ問題を解決するには、ひとつの視点を押しつけてほかの視点を犠牲にするのではなく、あらゆる関係者の多様な視点を統合する高次の解決を追求するのが最善である」

　今度もピーター・ドラッカーか？　否。ドラッカーのグル、メアリ・パーカー・フォレットだ。南北戦争終結からまもない1868年に生まれたフォレットは、ラドクリフ女子大学（まだラドクリフとは呼ばれていなかったが）に入学。20世紀初頭にはボストンでいくつものサービス提供機関を運営して成功させた。そして、1924年に *Creative Experience*（創造的経験）と題した本を書き、こう指摘した。「勝ち負けを基準とした敵対的な意思決定は、当事者全員の活力を奪う」。残念ながら、勝ち負けを基準とした意思決定はいまも、ビジネスの主流をなす。

　協力に関してよくある問題は、ほかの場では賢く善意もある人たちが異議を唱え、創造の流れが遮断されることだ。これはいまにはじまった習慣ではなく、脈々と受け継がれてきたものだ。アリストテレス、ソクラテス、プラトンら、古代ギリシャ人はこう信じていた。健全な思考を育むのは、対話よりもむしろ討論だ——ある概念をともに発展させることより、他人の主

張の欠点を見つけることである、と。

　だが、侃々諤々(かんかんがくがく)と意見を戦わせてきた2,000年間を経て、創造性のエキスパート、エドワード・デ・ボーノがギリシャ哲学の「3人衆」を迂回する道を見つけた。並行思考(パラレル)と呼ばれるその方法は、グループ内の全員を同時に同じ方向性で考えさせるものだ。そうすることで、アイデアが羽ばたく前に撃ち落とすソクラテス流の習慣を無効にする。

　デ・ボーノの著書、『会議が変わる6つの帽子』（翔泳社）は、グループで課題や機会に対応しようとする際に採用できる、6つの思考方法を提示している。「帽子」とは、問題に対するさまざまな取り組み方のメタファーである。以下、概略を説明しよう。

　「白い帽子」は情報を表す。この問題について何を知っているか？　仕事の手引きとなる事実や数値、その他のデータにはどんなものがあるか？

　「赤い帽子」は熱い感情を表す。普通、会議には感情を見せる余地がないため、論理的な結論に色をつけることになる。この問題についてどんな感情をいだいているか？　興奮？　不安？　好奇心？　それを俎上(そじょう)にのせよう。

　「黒い帽子」の考え方は暗く、用心深い。これは私たちの大半が得意とするところだ。この新しいアイデアは何が原因で失

敗するだろう？　数あるはずの弱点は何か？

　「黄色い帽子」は明るく、ポジティブだ。このコンセプトからどんなすごいことが生まれるか？　明るい兆しや希望はどこに見えるだろう？

　「緑の帽子」は成長と創造性を象徴する。何か前例のないことをできないだろうか？　黒い帽子が恐れていることをチャンスに変えるにはどうしたらいいだろう？

　「青の帽子」は、審判の務めを果たし、ほかの帽子の使い方を指示するまとめ役（ファシリテーター）がかぶる。冷静な客観性の象徴だ。

　会議を進めながら必要に応じて帽子を取り換えれば、グループはさまざまなアイデアをてきぱきと検討することができる。流れを断つ主張や、感情に走った非難に邪魔されることはない。パラレル思考は自然な成り行きとして、大きな賛同をもたらす。プロセスが透明で、あらゆる要素を含むようデザインされているからだ。

　では、グループの外にいる人から賛同を得るにはどうするか？　ヒント：箇条書き（ブレットポイント）で攻勢をかけても効果はない。

白 事実に基づき 情報をもたらす	**赤** 感情豊かで 直観的
黒 あまのじゃくで 用心深い	**黄** 明るく ポジティブ
緑 フレッシュで 創造的	**青** 冷静で 抑制的

6色思考ハット

レバー8：パワーポイントを禁止する

　「パワーポイントによる死」[訳注：箇条書きと図表を多用したスライドによる退屈なプレゼンテーションで聴衆の興味を失わせること]は、ほとんどの企業にとって単なる戯(ざ)れ言(ごと)ではすまなくなっている。もはや本格的な疫病なのだ。悲惨なのは、協力、イノベーション、情熱、ビジョン、明快さといった企業の財産が犠牲になることだ。このマイクロソフトのプレゼンテーション用ソフトはまさに遍在的(ユビキタス)で、いまやパワーポイントといえば文章でいっぱいのスライドをさし、たとえば「パワーポイントを1束、任せていいかい？」などと使われる。

　だが、人々に本気で賛同を求めるなら、パワーポイントには暇を出すことだ。代わりにもっと引きの強いテクニックを使おう。ストーリーやデモンストレーション、図面、試作品(プロトタイプ)、ブレインストーミングなどだ。たしかに、多くの経営幹部にはこれらを使いこなすスキルがないが、デザインフルな会社のためなら習得するだけの価値はある。

　リチャード・ファインマンのあの歴史的デモンストレーションをおぼえているだろうか？　チャレンジャー号の爆発事故の際、ゴム製のOリングがいかにして破損したかを説明したときのものだ。テレビ中継された聴聞会で、彼は1本のOリング、ありふれた締め具、コップ1杯の氷水を使って視聴者を

釘づけにした。もちろん、パワーポイントがあったら、何枚ものスライドを映しつつ、安全係数や故障率、弾力性、発射条件について箇条書きを次々に読みあげることもできた。だがそれでは、凍ったOリングを締め具から外して砕けやすくなっているのを示したときほどの劇的効果は得られなかったはずだ。

　ただし、スライドを使ったら刺激的なプレゼンテーションができないわけではない。会議を台なしにするのはパワーポイントではなく、人間だ。このソフトウェア自体が悪いプレゼンテーションの原因なのではない。よいプレゼンテーションを促すともいえないが。

　解決策は、プレゼンテーション・ソフトを、本来それが意図しなかったやり方で使うこと——明快で感情豊かに、劇的効果をねらってコミュニケーションを図ることだ。パワーポイントをその便利さに頼って使うのではなく、リチャード・ファインマンがコップ１杯の氷水を使った目的、つまり人々の目を覚ますために使うのだ。

　とはいえ、それにはまずあなたのクリエイティブ免許証を更新しなくてはならない。そこで私から、スライドショーを明快な指針に変えるデザインの３原則を紹介しよう。

　①ぎりぎりまで編集する　スライドを使ったプレゼンテーションのほとんどは、言葉の重みに耐えかねて失敗する。スライ

修正前

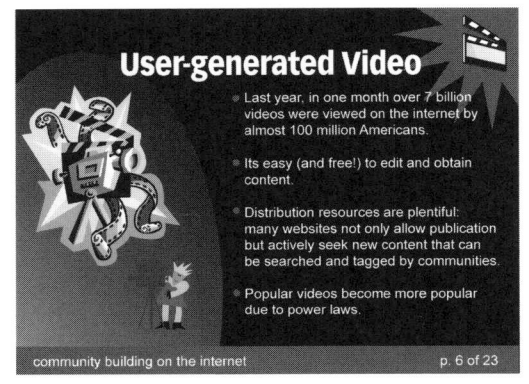

User-generated Video

- Last year, in one month over 7 billion videos were viewed on the internet by almost 100 million Americans.
- Its easy (and free!) to edit and obtain content.
- Distribution resources are plentiful: many websites not only allow publication but actively seek new content that can be searched and tagged by communities.
- Popular videos become more popular due to power laws.

community building on the internet

ユーザーがつくる動画
- 昨年、1か月に約1億人のアメリカ人が70億作以上の動画をインターネットで視聴した。
- コンテンツは簡単に（そして無料で！）編集して手に入れられる。
- 配信リソースが豊富：多くのウェブサイトは作品の発表を許可するだけでなく、コミュニティによる検索とタグづけが可能な新しいコンテンツを求めている。
- 人気作品は、べき法則によってますます人気になる。

修正後

AMERICANS VIEW AN ASTOUNDING

7,200,000,000

ONLINE AMATEUR VIDEOS IN A SINGLE MONTH.

アメリカ人はひと月でなんと
7,200,000,000本のオンラインアマチュア動画を視聴する。

ド1枚につき10単語をルールにするといい。厳しすぎると思われるかもしれないが、単語の数を限定することは、確実に言葉を読んで理解してもらうには最善の方法だ。1行に収まり、後ろの席でも読める限度は10単語くらいだろう。箇条書きで論点を示す必要があるなら、「ビルド」(アニメーション表示)を設定するといい。その際は、1回につき1行を加え、見る者の集中がつづくようにする。

　②画像を使う　いくら編集しても、やはり言葉ばかりでは味気ない。たまには聴衆の口直しにイラストや図表、写真を提供しよう。ミュージカル作家のラーナーとロウは、作中の会話が筋立て上、情感を十分に盛りあげていないと感じると、きまって歌を挿入した。プレゼンテーションでテキストが要点を十分に強調できていないと感じたら、画像を挿入しよう。

　③動かしつづける　1枚のスライドに何でもつめこむより、簡単に理解できるアイデアごとにスライドを分けたほうがいい（通常は1枚につき1アイデア）。スライドは無料(フリー)なのだから、自由(フリー)に使おう。100枚のスライドが速いペースで流れていくほうが、1枚のスライドを1分以上見せられるより望ましい。

　企業が本当に意思決定工場だとしたら、決定に情報をもたらすプレゼンテーションが、決定の質を決めるはずだ。意思決定には、ソフトウェア・プログラミングを律するのと同じ法則が当てはまる。すなわち、ゴミを入れれば(ガーベッジ・イン)、ゴミしか出てこない(ガーベッジ・アウト)。

レバー9：どんなアイデアも受け入れる

　企業経営における共通テーマは「従業員への権限委譲」だ。だがちょっと待ってほしい。従業員は会社に権限をもたらすために雇われるのではないか？　会社イコール従業員でないとしたら、会社とは何だろう？

　ここに概念上の齟齬(そご)があるとしたら、それは従業員がふたつの階級に分かれるという考え方にある。その2階級とは、アイデアを考える者とそれを実行する者だ。本人が発案に関わっていないプロジェクトを意欲的に実行するよう仕向けるのは、当然のことながら、むずかしい。やたらと権限を委譲したところで、参政権を奪われた階級に熱意が生まれるはずもない。

　世界中の政府でも、同じことが起きてきた。新しい考え、とくに挑戦的でおもねるところのない思想の自由な流通を認めない国家は、弱い国家と決まっている。表現の自由のないところに経済発展はありえないので、自由な表現を握りつぶす政府はかならず、表現の自由を奨励する政府に後れをとる。

　デザインフルな会社は、だいたいにおいて民主的な会社だ。組織に関する専門家のなかには、未来の会社が「逆ピラミッド」型になると示唆する者もいるが、これは「ボトムアップ式ピラミッド」と言ったほうが適切かもしれない。

　リーダーが先導(リード)しなくてはならないのは確かだが、すべての

アイデアを考え出す必要があるわけではない。それどころか、アイデアが下から円滑に流れてくるかぎり、リーダーはひとつも思いつかなくていい。これを実現するには、リーダーが少し手綱を緩めなければならない。ただし、リチャード・ティアリンクは、自ら果たしたハーレー・ダビッドソンの驚くべき再建についてこう語った。「力を解放することで力を得るのです」

自由言論地帯〔フリースピーチ・ゾーン〕　自由に発言できることは、どんな会社でも不可侵の権利であるべきだ。なぜか？　第1に、対話の幅が広ければ、生まれるアイデアも広範にわたるから。第2に、不満のはけ口があれば、鬱憤〔うっぷん〕がたまって突然爆発することがないから。そして第3に、文化的な問題は早めに見つかったほうがずっと修正しやすいからだ。苦々しい思いをかかえたある従業員が、非公式のブログに匿名で書いたように、「調査しないと社員が幸せかどうかわからないCEOなんて、どうかと思う」。

　従業員に匿名で話すことを強いるのではなく、オープンに話すよう奨励したらどうだろう？　悪い知らせを伝えた者に非難を浴びせるのではなく、報酬を与えるのはどうだろう？　フェイスブックのCOO（最高執行責任者）、シェリル・サンドバーグは社員に対し、何がうまく行っていて何がそうでないと思うか、率直なフィードバックを求めている。それは彼女がフェイスブックに移る前に、グーグルで得た教訓だ──「私は問題

を公にしてくれた人全員に感謝します」

コンセプト収集ボックス　グーグルはさらに「アイデア管理システム」を用い、従業員が製品やプロセス、さらに事業に関する革新的なアイデアを、全社用提案ボックスにEメールで送れるようにしている。アイデアが集まると、従業員はコメントをつけたり、成功する見込みをランクづけしたりできる。こうした自由参加型のブレインストーミングは、イノベーションの文化を築くためにどんな会社でも使える安価なツールだ。社内の誰もが、集まったアイデアをふるいにかけ、さらに発展させる価値のあるアイデアを見つけることができる。このテクニックを採用した会社は、名案であれば誰の発案かは関係ないと気づくだろう。

10パーセントの解決　収集ボックスをさらに一歩進め、勤務時間の最大10パーセント、つまり1週おきに1日を割いて新しいアイデアを発展させるよう従業員に働きかけている企業もある。ロイヤル・ダッチ・シェル、化学素材メーカーのW・L・ゴア、家電メーカーのワールプールは、そうしたプログラムで大きな成功を収めている。ワールプールはこのプログラムによって年間5億ドル以上の増収を見込めるようになった。またグーグルは、いかにもグーグルらしく、全従業員が随意に使える時間を20パーセントまで引き上げた。

リーダーの権限は、
アイデアの上昇流に正比例して大きくなる。

英才チーム（ジーニアス）　集団の知恵を活用するだけでなく、企業は、ありふれた問題も厄介な問題もしらみつぶしにする専門のチームを設置することもできる。このアプローチの利点は、デスクの端で埋もれがちな問題を中央に移すことで、注意を最大限に引きつけられるところだ。ジーニアスチームは5人から20人のあいだなら何人でもかまわない。それくらいの少人数なら、たがいの協力関係を築く労力も少なくすみ、問題解決が二の次になることもないからだ。チームの機能を最適化するには、規模の大小にかかわらず、審判、コーチ、トレーナーの役目を果たすまとめ役（ファシリテーター）が必要になるだろう。場合によっては、外部から経験豊かなファシリテーターを招いてもいい。

イノベーションは数がものをいうゲームだ。実行可能な選択肢の総数（割合とはいわないまでも）を増やす企業が勝者となる。100個の革新的アイデアのうち、プロトタイプ制作やテストに値するのは15個だけかもしれない。その15個のうち、多額の投資をする価値があるのは5つだけかもしれない。そして、その5つのうち、状況を一変させる結果をもたらすのはひとつかふたつかもしれない。これはベンチャーキャピタリストが頼りとする手順だが、既存の企業も市場と同じスピードで競争したいなら採用すべきだろう。スティーブ・ジョブズは

ウィンテルの独占とどう戦うかと問われた際、こう答えた。「つぎの大物(ネクスト・ビッグ・シング)を待つつもりだ」。スティーブ・ジョブズが「待つ」と言うとき、それは、数多くの「とんでもなく素晴らしい」アイデアを製品化の寸前まで発展させ、そのなかから成功の可能性が高そうなひとつかふたつにフォーカスを絞ることを意味する。

　だが、ジョブズのような才能に恵まれた CEO やデザイナーでも、ひとりですべてのアイデアを考え出すことはできない。また、その必要もない。必要なのは編集者として、弱い余計なアイデアを取り除き、強い不可欠なアイデアをふくらませることだけだ。もちろん、顧客の欲求に共感し、大局を見るだけでなく細部を拡大して捉えられれば、それも強みとなる。そんな人物なら、クリエイティブなメタチームの熟練ファシリテーターとして、アイデアをピラミッドの頂上から押しつけるのではなく、下から引き上げる準備がすでに整っているだろう。

Revolution never starts at the top.
革命はトップからははじまらない。

PART3：変化を生むレバー

レバー 10：大きく考え、小さく費やす

『ザグを探せ！』で私は、便乗型プロジェクト（違いを生み出す見込みのない製品やサービス、コミュニケーション、事業）に出資するという過ちを、企業がくりかえす理由を説明した。そして、実績のあるものを過大評価して新しいものを過小評価するという、人間として自然な傾向を意思決定者が克服しやすくなるように、「良さ／違いチャート」というツールを提案した。それは新しいアイデアをつぎの4つのパターンに分類するものだ。①良くなく違いもない、②良いが違いはない、③良くて違いもある、④違いはあるが良くない。

お察しのとおり、「良くて違いもある」がホームランを生み出す組み合わせだ。アーロンチェア、プリウス、グーグル検索連動型広告、ネットフリックス［訳注：宅配DVDレンタル会社。ストリーミング配信も手がける］がよく知られた例である。ところが、企業はむしろ「良いが違いはない」か「良くなく違いもない」アイデアに出資しやすい。理由は単純。新しいアイデアは予測できないのに対し、既存のアイデアは（いくら弱いアイデアだろうと）安全に思えるからだ。「良さ／違いチャート」を使えば、意思決定者は過激で実績のないアイデアを、過激で実績のある過去のアイデアと結びつけ、やみくもな飛躍をただの片足跳びに変えられるだろう。

だが、「良くて違いもある」アイデアが邪魔者や懐疑派をか

わして進めるようにするには、どうすればよいか？　科学者のスペンサー・シルバーとアート・フライは、11年の歳月をかけて、ポスト・イットのコンセプトを3Mの厳しい製品審査で認めさせた。広告の天才ジョージ・ロイスは、14階の窓から飛びおりると脅して、製パン業者リーヴィーズの社長にあの1960年代の伝説的広告キャンペーンを承認させた。シリコンバレーが急速に発展しはじめたのは、1957年にいわゆる「8人の裏切り者」が権威主義的なショックリー研究所を辞めて、フェアチャイルド・セミコンダクターを設立してからだった。

こうした事例を見ると、偉大なアイデアは勇敢な行為があって初めて成功するといえる。だが、デザインのプロセスなら、必要とされる勇気の量をもっと減らすことができる。デザイナーはアイデアを衝動から直感へ、直感からスケッチへ、スケッチからプロトタイプへ、プロトタイプからテストへと移すのに長けている。しかもその間、リスクのある財政支援を求めることは一切ない。

イノベーションにとって最大のハードルは、コストや市場規模、収入、利益などの数量について、企業が確実な見込みを欲しがることだ。アイデアが新しい場合はどれも知りようがない。皮肉なことに、瀕死のビジネスや廃れつつある戦略、縮小する市場といった、水晶玉がなくても簡単に予測できるものへの投資には、何のハードルもないように見える。どうやら私たちは

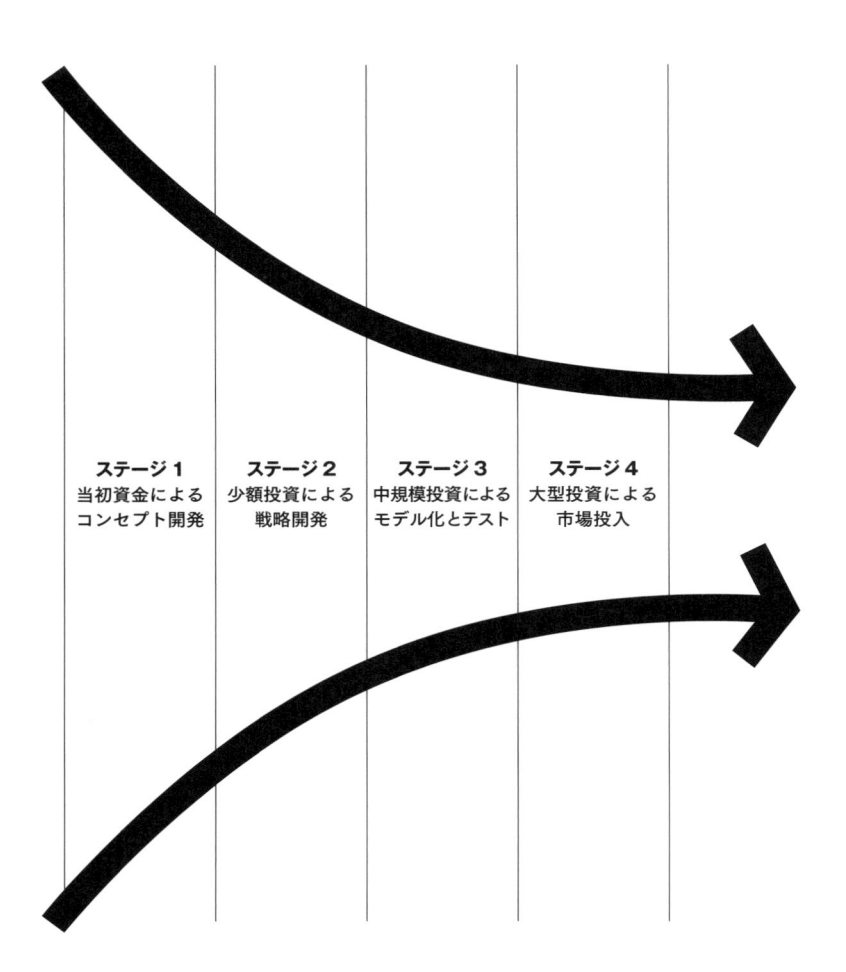

ステージ1	ステージ2	ステージ3	ステージ4
当初資金による コンセプト開発	少額投資による 戦略開発	中規模投資による モデル化とテスト	大型投資による 市場投入

ステージゲート・イノベーション

未知のリスクより旧知の悪魔のほうが好きらしい。

　この悪魔（とその支持者たち）を避ける最善の道は、企業が段階を追って確信を強められるようにすることだ。幸い、このプロセスの有効なモデルがすでにある。ステージゲート型投資だ。このモデルを開発したのは石油業界の起業家たちだった。彼らはどの油井から石油が出て、どれが失敗に終わるのか確信できなかったのだ。このモデルを発展させたのはベンチャーキャピタリストたちで、彼らも、アイデア、市場、ビジネスモデルをどう組み合わせれば利益が生まれるか、確信を欠いていた。

　ステージゲート・イノベーションには４つの出資段階(ステージ)がある。①アイデア開発のための当初資金、②戦略デザインへの少額投資、③プロトタイプとテストのための中規模投資、④市場投入のための大型投資だ。アイデアはステージごとに一種の自然淘汰によって審査されるため、大型投資の段階に達したときには、リスクがあらかた排除されている。

　この投資方法がもっとも効果的なのは、いくつものイノベーションが進行中の場合だ。このとき審査プロセスは濾過(ろか)システムとして作用し、パワー不足だったり、近視眼的だったり、戦略的に弱かったり、安っぽかったりするアイデアは除かれ、優れたアイデアが残る。審査は、特別に選抜されたイノベーション委員会のメンバーに担当させるのもいい。その委員会の任務は、有望なプロジェクトに青信号を出すことだ。

レバー 11：新しい測定基準(メトリクス)をデザインする

　だが、ステージゲート・プロセスを用いるにしても、あるプロジェクトが有望かどうかはどう判断したらいいのか？　どんな公式や測定法を使えば、つぎのステージでの見込みが明らかになるのか？

　こうして私たちはイノベーションにおけるきわめて激しい論争に立ち入る。測定基準(メトリクス)の価値をめぐる論争だ。ここでは一見、対立するふたつの考え方が浮き彫りになる。ひとつは、新しいアイデアに関する意思決定は根拠に基づいているべきだというもの。もうひとつは、新しいアイデアは前もって測定できないというものだ。このふたつの考え方は苦い経験から生まれている。直観にあっさりだまされた従来の企業経営者たちの経験と、測定に想像力をそがれた従来のデザイナーたちの経験だ。だが、一見パラドックスと思えるものの裏に、じつはもっと興味深い真実が隠されている。すなわち、測定と想像力はたがいをパートナーとするダンスの途中で、その出来は悪くなる場合もあれば、よくなる場合もあるということだ。

　イノベーターの進む道とは、あるデザイナーの言葉を借りれば、「雲を角切りにする」方法を学ぶことだという。輪郭のぼやけたコンセプトに鋭い角をつけ、誰の目にも見えるようにするにはどうしたらいいか？　無形のものを有形にするにはどうしたらいいか？

測定と想像力はダンスの途中。

まだ導入していない製品コンセプトやビジネスモデルの収入、利益、コスト、市場シェアを予測するのはばかげている。だが、厳密な分析をまったくせずに市場に投入するのも、やはりばかげている。結局のところ、す̇べ̇て̇の̇イノベーションは市場によって測定される。肝心なのは、大量の資源をつぎこむ前に結果を下調べしておくことだ。

　つぎに挙げる測定基準（メトリクス）は、イノベーションのダンスでパートナーを組む両者に力を与えるべく、わが社で用いているものだ。

　プロダクト・メトリクス　プロダクトデザインの初期段階では、一対一の顧客インタビューでプロトタイプへの反応を測定することができる。顧客には、使いやすさ、望ましさ、解釈、文化的意味、感情の反応に関する質問に答えてもらう。これらはどれも、成功する可能性の指標となるものだ。回答から新たな反復型開発（イテレーション）［訳注：対象を小さなステップに分けて、ひとつずつ行なう開発］のヒントが得られたり、進捗状況を追跡しやすくなったりする。プロジェクトが進むにつれ、調査した顧客の数、確保した取引先の数、開発ペースなどをモニターすることが可能だ。

　製品ポートフォリオ全体にわたり、製品化までの平均時間、進行中のパイロットプロジェクトの数、オンラインコミュニティの数と規模といった量を追跡してもいい。ブログや専門家に

よるレビュー、主なコンペティションなど、外部の情報源をもとに会社のデザインの全般的な質を計測することもできる。賞を侮ってはいけない。デザイン・カウンシルの調べによると、主要コンペティションで賞に輝いた61社の株価は、10年にわたってFTSE100種指数を200パーセント上まわっていた。

　コミュニケーション・メトリクス　ここでは、測定されることに対する反感を測定することもできる。ある研究では、広告のクリエイティブ職の90パーセント以上がメトリクスを「役に立たない」と考え、約65パーセントが創造的プロセスにとって「有害である」とみなしていた。私のクリエイティブ職としての経験からいえば、これにはふたつの理由がある。①メトリクスの大半は創造的プロセスを容易にすることを目的としていない、②クリエイティブ職はアーティストとしての自由を失うことをひそかに恐れている。

　だが実際には、コミュニケーション・プロトタイプのテストは、クリエイティブ職の親友になってもおかしくない。受け手側の認知度について貴重な教訓をもたらしてくれ、情報をもたない意思決定者の気まぐれな非難から創造性を救ってくれるからだ。

　製品と同じように、各種のコミュニケーション――広告、パッケージ、トレードマーク、メッセージも、ターゲット層との

簡単な一対一のインタビューでテストできる。これによって、あなたが人々に提示するものの効果がわかるので、迅速な軌道修正が可能になる。本気でコミュニケーションに取り組んでいるのなら、これを嫌う理由はどこにもないだろう。いったんコミュニケーションが発信されれば、受け手の認識、理解、想起、反応などの結果は測定できるが、私はむしろボタンを押す前に、それらの当たりをつけたいと思う。

ブランド・メトリクス　ブランドとは商業上の信用であり、その信用度の経年変化を測定することができる。ブランドの資産価値や、購入判断に対するブランドの影響力も、測定可能だ。ブランドへの忠誠心がある顧客数とそうでない顧客数を調べ、彼らがブランド要素(エレメント)をどのくらい理解し想起しているかを測定することもできる。

　もしあなたの会社がトップ100ブランドのひとつだったら、ブランド・コンサルティング会社インターブランドのベスト・グローバル・ブランド・リストを調べるだけで、無料の査定ができる。トップ100ブランドでない場合は、独自に査定を依頼してもいい。ここで大事なのは一貫していること、毎年同じ方式でブランドを測定することだ。

文化メトリクス　多くの企業経営者にとって、文化は雲のようにとらえどころのない概念だ。したがって、文化を変えるプログラムに着手するつもりなら、当初の状態から目標とする状

- 進行中のパイロットプロジェクト
- 製品開発のペース
- プロトタイプの使いやすさ
- プロトタイプの望ましさ
- 競合他社との差別化
- ユーザーの興奮度
- コンセプトの文化的意味
- 購入意欲
- 競合する選択肢との相対的ランキング
- 潜在的な価格弾力性
- 接触した顧客の数
- 接触した取引先の数
- 製品化までの平均時間
- デザインの支出水準
- デザインによるコスト削減
- デザインによる超過使用料
- 社外デザイン賞の数
- メッセージの読みやすさ
- ブランドエレメントの理解度
- ブランドエレメントの想起
- 潜在顧客獲得数
- 注目された広告
- パッケージング・ディスプレイのインパクト
- Eメール開封率
- クリック率
- ランディングページのヒット数
- オンラインフォーム記入数
- ブログ記載数
- オンラインコメントの効果
- シェア・オブ・マインドの対競合他社比
- ブランド認知度
- ブランド認識度
- 総合ブランド査定
- 顧客ロイヤルティの強さ
- 顧客コミュニティの成長
- ブランド差別化
- ブランド連想の独自性
- ブランド選好
- 推薦意欲
- 競争上のランキング
- 購入への影響力
- 感情喚起レベル
- リピート購入数
- 市場浸透率
- 顧客満足度
- 平均顧客維持費
- さまざまな顧客コミュニティの成長
- 従業員の意欲レベル
- ブランドトレーニング済み従業員数
- 社内デザイナー数
- 従業員満足
- ミッションとビジョンの理解
- 従業員のブランド貢献度
- 協力者数
- 新しいアイデアの提出数
- 従業員ひとりあたりの利益
- デザイン総投資収益率
- プロセス改善による節減
- 領域内の富の創出

↑
測定できるもの
↓

態まで、ステップごとに進捗を測定するのがいい。これは案外たやすく、多くは社内の意識調査ですませることができる。従業員の士気が低い場合は、調査の実施自体がきっかけとなって、希望が湧き出ることだろう。

文化の変革は、現在の従業員満足度を測ることからはじめるといい。文化が軽視されている場合、最初はごく低い値になりやすいが、変革のレバーを使えば満足度はすぐに上昇するはずだ。レバーをひとつ採用するごとに、結果を測定する機会がいくつも生まれるのだ。

ここで、ひとつ警告しておこう。

メトリクスはイノベーションのリスク排除に役立つが、それでも限界はある。デミング博士が言ったように、「もっとも重要なものは測定することができない」。言い換えると、重要性が増すにつれて、測定可能性は減っていくのだ。

私たちがメトリクスを好むのは、工業化時代の財務管理が大きな成功をおさめたからだ。だが、新しいアイデアを扱う会計原則として一般に認められたものはない。画期的なブランドが秘めるまさに長期的な可能性を測定できる物差しは、まだ発明されていないのだ。

財務実績に占める無形資産の割合がますます増えていくと、

イノベーションの価値を予測できる洗練されたメトリクスと、創造性の収益率を測定する精緻な会計原則を考案することが求められる。もちろん、真に革新的なアイデアなら、メトリクスの助けはたいして必要ないはずだ。もしチャンスがけたはずれなものなら、その大きさをけたはずれの2倍と見積もったところで意味はない。ビジネスを維持するのに十分な「良さ」と「違い」があることを確認したら、そのデザインをさらに押し進めて、どうなるかを見てみよう。

レバー12：ブランドトレーニングを導入する

　クリエイティブな仕事は機械化できない。一連のステップに分割することも、生産ラインに流して処理することも不可能だ。同じ創造的解決はふたつとなく、同じクリエイティブな人間もふたりといない。そこで最善策となるのは、デザインの原則について共通理解を確立して、社内の誰もが実験し、学習し、グループとして成長できるようにすることだ。

　加速する変化の時代、何を学ぶかよりはるかに重要なのは、どう学ぶかだ。新しい知識を速く習得できることは、イノベーションの文化を支える基本スキルとなる。「すべての企業は学習・教育機関である」とドラッカーは言った。「訓練・開発をあらゆる階層に組み込まなければならない――それも、絶えることのない訓練・開発をだ」。絶え間ないイノベーションの文化をめざすなら、絶え間ないトレーニングのシステムが欠かせない。

　それはどんなトレーニングなのか？

　大学で得た知識と産業に関する知識のギャップ、産業に関する知識と会社に関する知識のギャップを埋めるトレーニングだ。それから、個人的な専門技術を学ぶトレーニングと、協力について学ぶトレーニングも。これによって、個人的な専門技術と協力に関する情報を相互に活かせるようになる。

また、従業員がブランドの価値を構築する方法や、顧客感動(カスタマーディライト)の創出に役立つ方法、個人の行動を全体のビジネス戦略に一致させる方法を探るトレーニングもある。これはブランドトレーニングと呼ばれているもので、会社のブランド、文化、ミッションに合わせて行なう教育だ。ブランドトレーニングがなければ、会社のスキルと知識は他社と似たり寄ったりになり、どの会社も競争上の優位は得られない。もしあなたの業界がそんな状態なら、競合他社を追い抜くまたとないチャンスだ。一方、もし競合他社がすでにブランドトレーニングを採用しているなら、そんな脅威を放っておいてはいけない。彼らはまずあなたの会社の顧客に言い寄る。つぎに、従業員を引き抜こうとするだろう。

　全米規模で会計サービスを展開するペイチェックスは、トレーニングを用いて、ブランド構築と競争相手を阻む壁の強化に取り組んでいる。従業員ひとりにつき平均107時間のトレーニングを与える同社は、最近、フォーチュン誌の「働きたい企業ベスト100」で強く推奨された。

　フォーシーズンズ・ホテル・アンド・リゾートは「皆様に最高の気分を味わっていただく」ために、トレーニングと人員採用に重点的に投資してきた。いまやそのサービスは一流レベルに引き上げられている。これこそ、才能ある若者が働きたくな

創造的なチームワーク	デザインプロセス	ブランド接点
クリエイティブ職の指導法	カスタマーディライトの技術	創造的プロセスに熟達する
ブランドトレーニング・プログラムはイノベーションの文化を活性化する	創造的ソリューションのクイックテスト	革新的コンセプトの評価
ブランドを実践するハウツー	利益共同体の活用	デザインによる差別化のハウツー
競争で優位に立つポジショニング	コーポレートストーリーを語る	マーケットリサーチの秘訣
強力なプレゼンテーションの技術	ブランド拡張の管理	クリエイティブ・メタチームの構築

る職場ではないだろうか？

　イノベーションを最優先事項としているワールプールは、これまでに600人以上のイノベーション指導者(メンター)を養成し、全従業員にオンラインによるイノベーション講座を受けさせてきた。いまではワールプールのどの製品開発プランにも、市場に前例のないイノベーションが含まれている。

　1990年代、サムスンはブランドトレーニングを活用して、便乗型製造業者からハイデザイン製品メーカーへとのしあがった。会長の李健熙(イゴンヒ)は、よりデザインフルな文化を求め、その後ろ盾となるよう1,000万ドルを投じて韓国国内に8階建てのビルを建設し、そこにサムスンのイノベーションデザイン研究所を設置した。従業員たちはまる1年にわたり、通常の給与を支払われて週6日間この施設で研究をつづけた。まもなく同社は投資額を増やし、サンフランシスコ、ロサンゼルス、ロンドン、東京、中国にも研究所を置くようになった。

　現在、サムスンは活気あるイノベーションの文化を築きあげ、社内で養成された380人のデザイナーが年間100製品の市場投入(ローンチ)に貢献している。過去5年で18の主な工業デザイン賞に輝き、ビジネスウィーク／IDSA（全米工業デザイナー協会）共催のコンペティションだけでも5つの賞を獲得している。この数に匹敵するのは、アップルコンピュータだけだ。また、イ

ンターブランドの年次ブランド調査では、2年つづけて世界で「もっとも急成長しているブランド」に選出されている。

　サムスンのような大企業ではなく、独自の学習プログラムを構築できない中小企業や部署内のチームでも、社外の講座やワークショップを利用することはできるだろう。その多くは会社に合わせてカスタマイズが可能だ。

　「21世紀には知的資産が会社の価値を決めるでしょう」とサムスンのデザイン担当副社長、鄭求鉉（チョングヒョン）は述べている。「企業が製品を売るだけの時代は終わったのです」。現在、成功している企業は、新たな機会や満たされない顧客のニーズに、市場と同じスピードで反応できる会社だ。その能力を開発する実践的な方法は、協力しあうコミュニティとして、創造性を発揮する新たな方法を学ぶこと以外にない。

レバー13：買収された会社に学ぶ

　企業の合併・買収（M&A）については、たいがい失敗するとか、少なくとも期待したほどのシナジー効果は得られない、とよくいわれる。M&Aが苦い経験となる原因として挙げられるのは、対立する権限、文化の違い、運営上の混乱、解決できないアイデンティティ問題などだ。だが、この分析から抜け落ちているものがある。買収された側、つまり小さいほうの会社がいだく感情的な抵抗だ。これに対しては、衝動的にその抵抗を不慣れな型に押しこむことで処理しようとしてきた。だが、それでは大きな苦痛を伴い、しかも何も生み出さない。

　現実には、ひとつの文化を強引に別の文化に同化させるのは不可能だ。人間の脳に矯正器をはめることはできないし、行動に矯正靴を履かせることもできない。無理にやろうとすれば、隠れた意地の張り合いがはじまって買収の両陣営が傷つき、シナジー効果が現れにくくなる。

　解決策？　衝動に逆らうことだ。買収された会社を無学な子ども扱いするのではなく、素晴らしい教師として見る。ふつう、小さな会社が買収されるのは、深い専門知識や特別な志向、強い情熱があるからだ。買収された会社について知り、その成功要因の理解に努めれば、どちらの文化にとってもプラスになり、合併はより短時間で成功を収められるだろう。

レバー14：会議の場に席を追加する

　買収に積極的かどうかにかかわらず、企業は成長するにつれて組織内に壁を築き、協力や知識の共有を妨げる傾向がある。こうした縦割り構造をふたたび結びつけるもっとも手っ取り早い方法は、各サイロの代表が定期的に会議を開き、文化的な問題を提起したり、相互交流や創造的協力の機会を探ったりすることだ。

　この会議は、イノベーション評議会と呼んでもいいし、ブランド委員会でもデザイン会議でもかまわないが、長を務めるのは経営陣のなかの誰かであるべきだ。非常勤や一時的な人員配置ですむ仕事ではない。CMO（最高マーケティング責任者）が片手間に管理できるものでもなければ、コンサルティング会社に外注できるものでもない。

　もっともシンプルなやり方は、最高ブランド責任者（CBO）という役職を設置することだ。CBOの任務は、企業ブランドの成長と価値を管理することだが、そこには、ブランドを養うサブブランド、アイデンティティシステム、デザイン要件（インプット）、イノベーションプロセス、広告プログラム、コミュニケーション、トレーニングといった要素も含まれるので、その全体は部分の総和に勝ることになる。実際の役職名は会社の戦略的ニーズに応じて変わるだろう。最高デザイン責任者、最高イノベーション責任者、クリエイティビティ担当副社長など、デザインへの真剣な取り組みを示す肩書きなら何でもいい。

ひとつだけ問題がある。戦略とクリエイティブの才能を兼ね備え、会社がつくり、話し、することすべてのデザインを統合できる人材をどこで見つけるか？　イノベーション経営管理の学位を授ける大学の課程はまだないが、たとえばビジネスとデザインを結びつける（イリノイ工科大学）、芸術とエンジニアリングを結びつける（スタンフォード大学）、デザインと戦略を結びつける（カリフォルニア美術大学）、ブランドとビジネスを結びつける（ケロッグ経営大学院）といった複合的なプログラムが、しだいに増えてきている。

　いずれ、こうしたプログラムの卒業生が市場の試練のなかで実力を証明してみせるだろう。だがそれまでのあいだ、このポストに最適なのは、持ち前の才覚を頼りに関連のある経験を積んできた経営幹部だろう。たとえば、エイミー・カーティス－マッキンタイアは、マーケティング、広告、コミュニケーションのさまざまな仕事で経験を重ねたのち、ジェットブルー航空で、つづいてハイアットホテルズアンドリゾーツで、ブランド・コミュニケーションの長を務めるようになった。クラウディア・コチカは、会計、マーケティング、経営の職を渡り歩いたのち、P&Gでデザイン・イノベーションの責任者に上りつめた。サム・ルセンテは、IBMの工業デザイナー、ネットスケープのユーザーエクスペリエンス担当ディレクターを経て、自身の会社を創業し、その後HPのデザイン担当副社長に抜擢された。

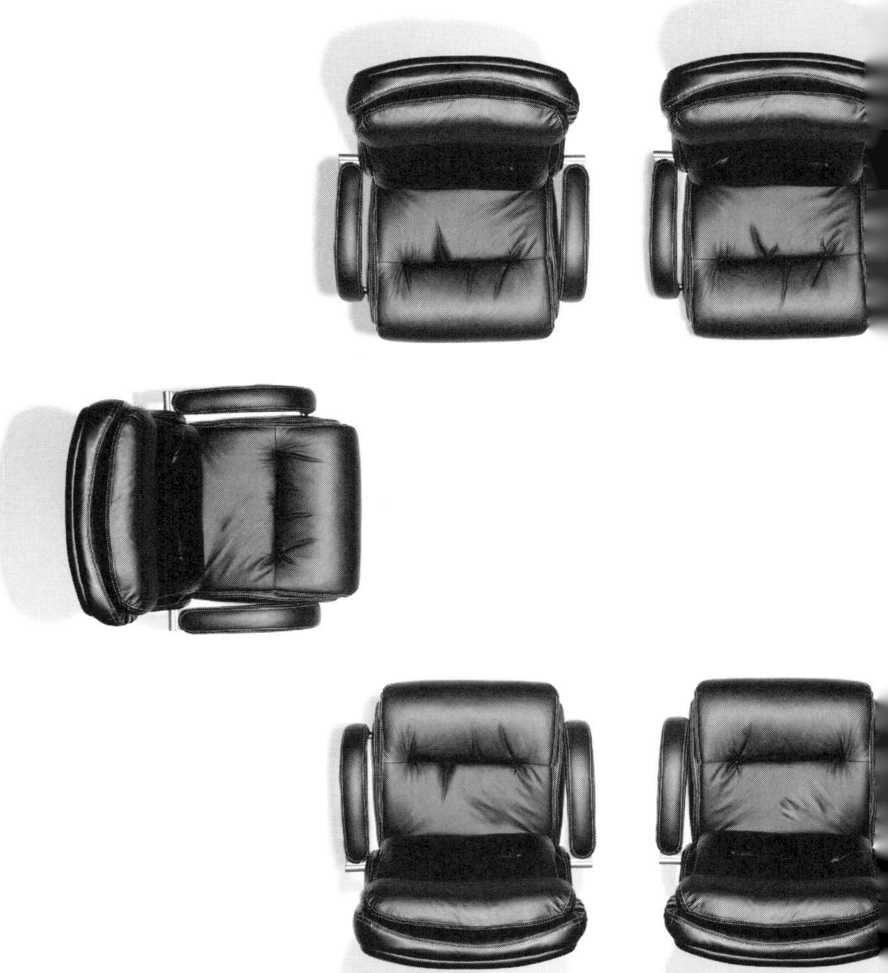

イノベーションがもっとも
発展しやすいのは、
会議の場にデザインの席が
あるときだ。

レバー15：卓越した才能を表彰する

　スプレッドシート時代からクリエイティブ時代へ移行すると、電子ネットワークよりも人間のネットワークから経済価値が生じるようになる。企業は無形の原料（想像力、共感、協力）を、無形の完成品（特許、ブランド、顧客の部族[トライブ]［訳註：志向性、文化がよく似た集団］）へと転換することで富を創出するだろう。経済価値は資本収益率よりもむしろ、創造性の収益率を基準に測定されるようになるのだ。では、才能はどう測定するのか？　ひらめきはどう増やすのか？　創造する喜びはどう高めるのか？

　どの疑問に対する答えも同じ、表彰することだ。スプレッドシート時代は完璧さに焦点が絞られていたが、クリエイティブ時代は卓越性に焦点が絞られる。そしてイノベーションの弾み車[フライホイール]を高速回転させるには、注目の集まる表彰プログラムで卓越性に報いること以上に手っ取り早い方法はない。

　その手順はつぎのとおりだ。

　まず、会社の目標を明確に示す（レバー1）。そうすることで仕事を審査する基準が定まる。つぎに、賞の各部門を、それぞれ何が重視されるかがわかるように定義する（たとえば、ベスト・プロダクトデザイン、ベスト・セールスイベント、ベスト・ニュープロセス、ベスト統合プログラム）。そして社の内

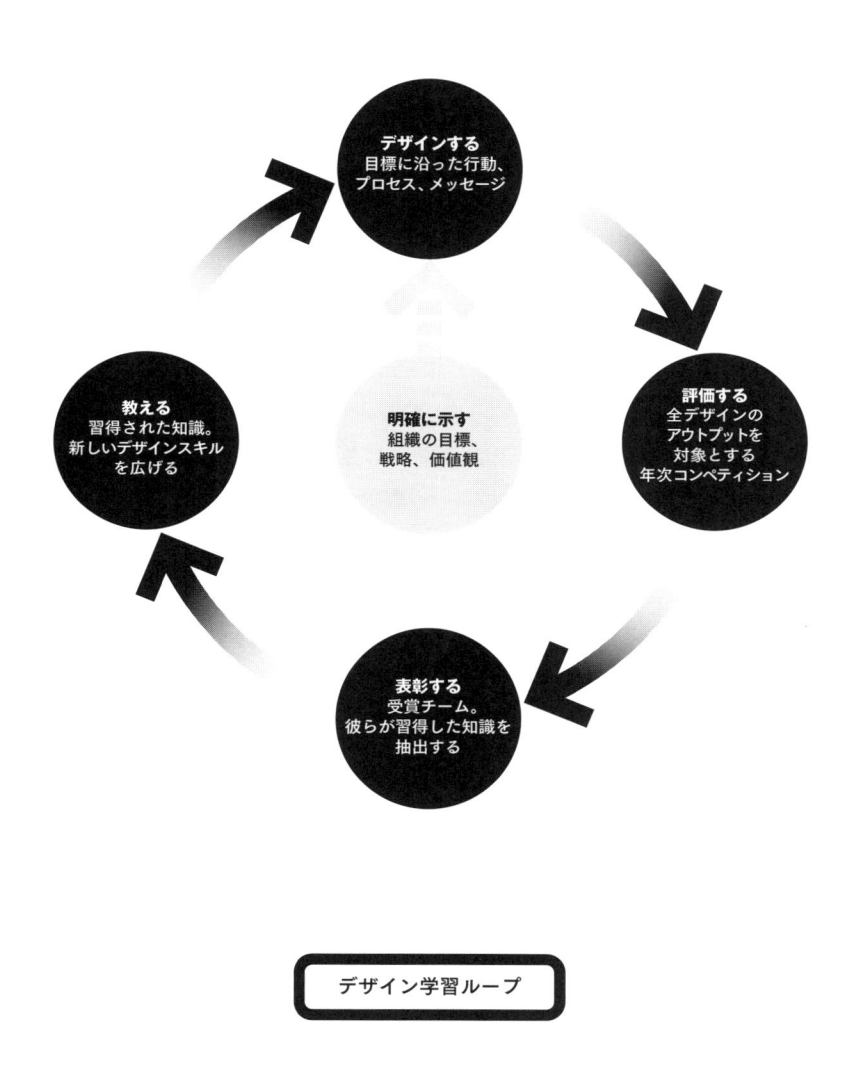

デザインする
目標に沿った行動、
プロセス、メッセージ

評価する
全デザインの
アウトプットを
対象とする
年次コンペティション

表彰する
受賞チーム。
彼らが習得した知識を
抽出する

教える
習得された知識。
新しいデザインスキル
を広げる

明確に示す
組織の目標、
戦略、価値観

デザイン学習ループ

外から権威のある専門家を集めてエントリー作品を審査する。参加者には、入賞者を選ぶ基準は会社の目標に合致することだけでなく、個々のプロジェクトの測定可能な結果（レバー 11）も含むことを知らせておく。

　つづいて、受賞作品をイベントで祝福する。内輪でのディナーといったささやかなものでもいいし、3 日間の 会 議（カンファレンス） といった盛大なものでもいい。

　もちろん、ここでやめてもかまわない。だが、それでは表彰を教育に変える貴重なチャンスを棒に振ることになる。社外の審査員のコメントを編集して、臨場感のあるビデオ批評をつくったらどうだろう？　オンラインのイノベーションセンターにエントリー作品のレビューを発表したら？　その年に生まれたデザインから習得された知識を共有し、翌年の土台とするのは？　習得した知識、レビュー、批評を使って、一連のトレーニングモジュールを構築してもよいのではないか？　これらのことをすれば、デザインの水準をさらに押しあげ、イノベーションの文化を会社のすみずみまで行きわたらせる永久運動機関が手にはいるはずだ。

レバー16：あえて厄介な問題にチャレンジさせる

　ほとんどの従業員は、周囲からの称賛と賞金（臨時収入）をありがたく思うが、きわめて成績優秀な者はそれ以上のものを求める。彼らが欲しがるのは、より大きな問題だ。困難でやりがいのあるチャレンジに取り組み、会社に大きく貢献する機会を求めている。

　The Support Economy（サポート・エコノミー）で、共著者のズボフとマクシミンはこう述べている。企業は一般社会の文化からずれてしまっている、人々はもはや仕事を求めているのではなく夢を叶えるための支援を求めているからだ、と。IBMはそのことに気づいている。だから優れた研究者を表彰して、生涯有効な「IBMサイエンティスト」の地位を授与している。この肩書きとともに数年にわたる研究期間と当初資金を与えられた研究者は、最先端の科学技術を会社のために発展させる。

　リスク負担（テイキング）を控えさせるどころか、それを要求する──これは、グーグルが働きたい会社第1位と評価されている理由のひとつでもある。「世界の情報を組織化し、誰にとってもアクセス可能で役立つようにする」には、多少の障害は乗り越えなくてはならない。

　さて、あなたの会社にはどんな「厄介な問題」があるだろう？　困難な障害物を価値の高い報酬に変えるにはどうすればいいか？　チャレンジに飢えていそうなのは誰だろう？

デザインフル・カンパニーはこうなる

　SF作家の故アーサー・C・クラークはこう言った。「十分に進歩したテクノロジーは、魔法と見分けがつかない」。同じことがデザインフルな会社についてもいえる。スプレッドシート時代からクリエイティブ時代への移行に伴い、デザイン思考を理解しかねる人や、疑う人、あるいは困惑を覚える人もきっと出てくるだろう。数か月前のことだが、私がこの本のテーマを友人のポールに説明したとき、有能な会計士である彼は耳を傾けながら眉間にしわを寄せていた。「理にかなっているとは思う」と彼はやがて言った。「ただ、そういう会社で働くのはどんな感じなのか、うまく想像できないんだ」。まあそうだろう。そこで読者を解放する前に、デザインフルな会社で働くと感情面でどんなプラスがあるかをまとめておこう。

　従来型の会社の場合、フォーカスが当てられるのはコストだが、デザインフルな会社では顧客だ。このため、社外の人たちに共感する能力が重視され、そこから連帯感が生まれる。

　従来型の会社で支配的なモードは指揮統制方式だが、デザインフルな会社はビジョンと創造性を基本モードとする。これに対応する感情は高揚感と満足感だ。

　従来型の会社での仕事は役割中心だが、デザインフルな会社ではプロジェクト中心だ。結果として、敬意は地位よりも功績

に対して払われ、そこに自尊心が育まれる。

　従来型の会社では、リスクテイキングは奨励されないが、デザインフルな会社では、それはイノベーションプロセスの一部とされる。そのため、「どうせできない」という思いが「やればできる」という思いに変わる。

　従来型の会社では、従業員はサイロで分断されているが、デザインフルな会社では協力しあう。そこから生まれるのは成功を分かち合う気持ちだ。

　従来型の会社では、美はあとから添えられるが、デザインフルな会社では、もとから組み込まれている。美は製品の成り立ち、人々への対応、意思決定のデザインの仕方に不可欠な要素だ。美を大切にする感覚からは、未来への希望が生まれる。

　この「厄介な問題」の時代、企業はもはや富を「解放」するだけではすまなくなっている。変化のスピードについていくには、積極的に富を「創出」しなくてはならない。産業革命以降初めて、成功する企業とは「デザインを存分に活かした企業」であることになるだろう。

　デザインフル・カンパニーは、「知る」「つくる」「する」を組み合わせて、真理と美、そして公共の利益を追求する。こうしてついに、総決算(ボトムライン)は私たちの理想の形をたどりはじめるのだ。

CHANGE IS POWER.
変化は力だ。

DESIGN IS CHANGE.
デザインは変化だ。

おぼえておきたいポイント

本文を読み通す時間がない人や、要点を知りたい人のために、本書で紹介したアイデアを簡単にまとめておこう。これらのフレーズをプレゼンテーションの随所に散りばめたり、ビジネスメールの最後に添えて送ったりしてほしい——それをきっかけに思わぬ会話がはじまるかもしれない。

厄介な問題

→ 私たちはひとつの経営モデルに習熟してきたが、そのモデルはどんどん見当違いになってきている。

→ 新しい経営モデルによって、勝ち負けにこだわる組み立てラインを、誰もが勝利者となるネットワークに変えなくてはならない。

→ シックス・シグマを王座から追放する経営革新とは、デザイン思考だ。それはあなたの会社のマーケティング部門に行きわたり、研究開発部門に浸透し、プロセスを変革して、文化を活性化する。

→ もしイノベートしたいなら、着手すべきはデザインだ。

→ デザインは「広告と製品」のものから、プロセス、システム、そして組織のものへと急速に拡張しつつある。

→ デザインがイノベーションを推進し、イノベーションがブランドに力を与え、ブランドが忠誠心を築き、ロイヤルティが利益を持続させる。長期的利益を求めるなら、デザインからはじめることだ。

→ ビジネスの成功を形づくる主な成分は、じつはふたつしかない。ブランドと、その提供だ。

→ ブランド構築で大きな問題となるのは、複雑な組織にシンプルなアイデアを実行させることだ。

→ 違い×デザイン＝喜び

→ 俊敏性は、組織全体に正しい考え方、正しいスキル、正しいスキルを協力によって増幅させる力がそろって初めて現れる。

→ 会社に創意を注入することはできるが、創意を土台に会社を

築くのは、それとまったく別の話だ。

→ 消費主義の問題は、欲望を生み出すことではなく、欲望を完全には満たせないことにある。欲望は人間の基本的衝動だ。私たちの欲望には、気分よくものを買うことも含まれる。

→ いまでは購入時の選択肢が増え、美しさやシンプルさ、お気に入りブランドの「同族的アイデンティティ」を優先して選べるようになった。

デザインの力

→ 人々の心をとらえ、夢中にさせるような体験を確実に商品化するには、デザイナーを雇う以上のことをしなくてはならない。必要なのはデザイナーであることだ。

→ 現在の状態を改善された状態に変えようとする者は誰でもデザイナーだ。

→ デザイン思考に長けた人は総じて、共感的で、直観的で、想像力に富み、理想主義者だ。

→「いまある状態」と「ありうる状態」のギャップには「クリエイティブな緊張」が満ちている。それはクリエイティブな人にとって強力なエネルギー源となるものだ。

→ 資本主義社会が「いまある状態」の考え方だけで動いていたら、なんの冒険もなく、何も得られないだろう。

→ 従来の経営モデルは、さしずめお下がりのコンセプトを扱う古着屋で、どのコンセプトも過去の要望や時代に合わせてあつらえられている。

→ 前に進む道を「決定(ディサイド)」できるはずがない。前に進む道は「デザイン」しなくてはならない。

→ 左脳と右脳が一体となって作用すると第3の脳が現れ、一方の脳だけではできないことをやってのける。

→ 第3の脳で考える者は安易な選択肢で満足しない。彼らは一見相反するニーズがともに満たされるような基盤を見つけてみせる。

→ デザインフルなリーダーは「ORの抑圧」を退け、「ANDの才能」を支持する。

→ デザインフルなリーダーとクリエイティブなアーティストは、ほとんど同じだ。

→ ルールを打破するイノベーションには、遊びの感覚や喜びが不可欠だ。厳密なやり方でがんじがらめにしてはいけない。

→ 工業化時代の企業では、ふたつの主な活動が重視された。「知る」ことと、「する」ことだ。デザインフルな企業は、そこに第3の活動を挿入する。「つくる」ことだ。

→ デザイナーが用いるのは非論理的なプロセスだ。それは言葉にはしにくいが、行動でなら表現しやすい。

→ 「つくる」モードでは、デザイナーは自分が何をしているかを、それをしている最中に学ぶ。

→ きわめて革新的なデザイナーは標準的な選択肢には目もくれず、「間違った考え」への欲求を育む。

→ 間違った考えは間違っているだけのことも多いが、単に正しい以上に正しい場合もある。

→ 株価を上昇させ、それを維持したいと思うなら、まず投資すべきはビジョンと文化、イノベーションだ。

→ 革新的文化のある企業では、過激なアイデアが、例外ではなく標準となる。

→ 梯子(はしご)を高く登るにつれ、デザインがもたらすてこの作用(レバレッジ)は大きくなる。

美学の復活

→ 美学は、美しい実行のためのツールボックスを与えてくれる。

→ 私たちが何者で、どこに暮らし、何を信じているかにかかわらず、心の琴線にふれる形や色、匂い、配置、パターンがある。

→ 私たちの文化がテクノロジー色を強めれば強めるほど、官能

的かつ隠喩的な美の力が必要になる。

→ 私たちは素晴らしいと思ったものに美しさを見出すと、今度はそれと同じ美しさを示すほかのものをも素晴らしいと思うようになる。

→ 私たちは美を品質の代用にすることが少なくない。

→ シンプルさと効率から力を得る美学は、天然資源の減りゆく時代に成功するための強力なツールとなる。

→ よいデザインの決め手となるのは、美学と倫理の組み合わせだ。よいデザインは徳を表す。

→ 工業化時代以降初めて、「デザインを存分に活かしたビジネス」が「成功するビジネス」となるだろう。

変化を生むレバー

→ 効率のいい弾み車(フライホイール)を活用すれば、イノベーションの文化はほんの少しの力で勢いがつくし、蓄えられたエネルギーを必

要に応じて大量に放出することもできる。

→ 企業が失敗するのは、進路の選択を間違えるからではない。もっといい道筋を想像できないからだ。

→ 革命を導くのはトップでなければならないが、革命がトップからはじまることはめったにない。

→ ストーリーというものは、自分の体験を語りたい、共有したいという私たちの欲求からとめどなく生まれる。そしてそれは文化を築きあげる強力な構成要素となる。

→ 工業化時代を受け継ぐのは情報化時代だとうたわれてきた。だが、デジタル革命の真の恵みは、情報ではなく協力(コラボレーション)だ。

→ 社内のデザイン機能を確立するには、まず「消えゆく敬意」という問題に取り組む必要がある。

→ コーポレートデザインの未来がメタチームにかかっているとすれば、社内のデザイン部門の重要な役割は「それを管理すること」だ。

→ ブランドマネジメントと同じく、デザインマネジメントは断じて外部委託(アウトソース)してはならない。一方、デザインスキルの多くは、かならずアウトソースしなくてはならない。

→ 意志の強い人たちが協力したいと思うのは、役割が明確に説明され、目標の全体が見渡せ、品質への強い信念が示されるときだ。

→ 創造性の発揮の仕方には２種類ある。チームの創造性と個人の創造性だ。ここでカギとなるのは、両方を合体させる協力のリズムを見つけることだ。

→ パワーポイントは、もはや本格的な疫病となった。悲惨なのは、協力、イノベーション、情熱、ビジョン、明快さといった企業の財産が犠牲になることだ。

→ 本気で賛同を求めるなら、パワーポイントの代わりにもっと引きの強いテクニックを使おう。ストーリーやデモンストレーション、図面、試作品(プロトタイプ)、ブレインストーミングなどだ。

→ 企業が本当に意思決定工場だとしたら、決定に情報をもたら

おぼえておきたいポイント

すプレゼンテーションが、決定の質を決めるはずだ。ゴミ(ガー)を入れれば、ゴミしか出てこない。
ベッジ・イン　ガーベッジ・アウト

→ リーダーは先導(リード)しなくてはならない。だが、すべてのアイデアを考え出す必要はない。それどころか、アイデアが下から円滑に流れてくるかぎり、ひとつも思いつかなくてもいい。

→ イノベーションは数がものをいうゲームだ。実行可能な選択肢の総数（割合とはいわないまでも）を増やせる企業が勝者となる。

→ イノベーションにとって最大のハードルは、コストや市場規模、収入、利益などの数量について、企業が確実な見込みを欲しがることだ。アイデアが新しい場合は、どれも知りようがない。

→ 皮肉なことに、瀕死のビジネスや廃れつつある戦略、縮小する市場といった、水晶玉がなくても簡単に予測できるものへの投資には、何のハードルもないように見える。

→ ステージゲート型投資なら、アイデアはステージごとに一種の自然淘汰によって審査されるため、大型投資の段階に達したときには、リスクがあらかた排除されている。

→ イノベーターの進む道とは、「雲を角切りにする」方法を学ぶことだ。

→ 結局のところ、す̇べ̇て̇の̇イノベーションは市場によって測定される。肝心なのは、大量の資源をつぎこむ前に結果を下調べしておくことだ。

→ 企業文化を変えるプログラムに着手するつもりなら、当初の状態から目標とする状態まで、ステップごとに進捗を測定するといい。

→ 企業文化が軽視されている場合、従業員満足度はごく低いことが多いが、変革のレバーを使えばすぐに上昇する。

→ 測定基準(メトリクス)はイノベーションのリスク排除に役立つが、それでも限界はある。一般に、重要なものほど測定しにくくなる。

おぼえておきたいポイント

→ 真に革新的なアイデアなら、メトリクスの助けはたいして必要ない。もしチャンスがけたはずれなものなら、その大きさをけたはずれの2倍と見積もったところで意味はない。

→ 加速する変化の時代には、どう学ぶかは何を学ぶかよりはるかに重要だ。新しい知識を速く習得できることは、イノベーションの文化を支える基本スキルとなる。

→ ブランドトレーニングがなければ、会社のスキルと知識は他社と似たり寄ったりになり、どこも競争上の優位は得られない。

→ ひとつの文化を強引に別の文化に同化させることはできない。人間の脳に矯正器をはめることも、行動に矯正靴を履かせることもできない。

→ 買収された会社は、無学な子ども扱いにするのではなく、素晴らしい教師として見ること。

→ スプレッドシート時代からクリエイティブ時代への移行に伴い、経済価値は電子ネットワークよりも人間のネットワ

ークから生じるようになる。

→ 成功する企業は、無形の原料（想像力、共感、協力）を、無形の完成品（特許、ブランド、顧客の部族(トライブ)）へと転換することで、富を創出するだろう。

→ 才能はどう測定するのか？　ひらめきはどう増やすのか？　創造する喜びはどう高めるのか？　どの疑問に対する答えも同じ、表彰することだ。

→ 表彰プログラムは、デザインの水準をさらに押しあげ、イノベーションの文化を会社のすみずみまで行きわたらせる永久運動機関を創り出す。

→ ほとんどの従業員は周囲からの称賛と賞金をありがたく思うが、きわめて成績優秀な者はそれ以上のものを求める。彼らが欲しがるのは、チャレンジできる「厄介な問題」だ。

12ページに紹介した「厄介な問題」トップ10をおぼえているだろうか？　ここに挙げるのはデザインを糸口としたその解決策だ。

厄介な問題	優れた解決策
①長期目標と短期需要の　バランスをとること	長期的ビジョンを明確に示す イノベーションの文化を築く カリスマブランドをめざす 自然な顧客ロイヤルティを育む ブランドトレーニングを導入する 会議にデザインの席を加える
②革新的コンセプトに対する　収益を予測すること	「良さと違い」でふるいにかける 決定のかわりにデザインを使う デザインマネジメントを社内でおこなう 大きく考え、小さく費やす ステージゲート・イノベーションを使う 新しい測定基準をデザインする
③加速する変化と同じスピードで　イノベートすること	イノベーションの文化を築く 所有ではなく俊敏性にフォーカスする デザインに梯子を登らせる アイデアを上方に流す ブランドトレーニングを導入する あえて「厄介な問題」に挑ませる
④世界クラスの　人材の争奪戦に勝つこと	大胆な未来図を描く 「厄介な問題」に取り組む 豊かなストーリーを織り成す オープンな環境をつくる ブランドトレーニングを導入する 才能を表彰する
⑤収益性と社会的責任を　両立させること	決定のかわりにデザインを用いる 美学を測定に応用する 「よいデザイン」を追求する 責任をデザインのチャンスとみなす ブランドトレーニングを導入する 優れたブランド行動に報酬を与える

厄介な問題	優れた解決策
⑥コモディティ化産業における 　利益を守ること	カリスマブランドをめざす 自然な顧客ロイヤルティを育む イノベーションの文化を築く デザインマネジメントを社内でおこなう ブランドトレーニングを導入する 才能を表彰する
⑦サイロ（組織の縦割り構造）を 　超えた協力によって 　成果を増やすこと	メタ（統合）チームを編成する デザインマネジメントを社内でおこなう イノベーションセンターを設置する ブランドトレーニングを導入する 才能を表彰する 会議にデザインの席を加える
⑧未開拓の儲かる市場空間を 　見つけること	「良さと違い」でふるいにかける 決定のかわりにデザインを用いる イノベーションの文化を築く アイデアを上方に流す ステージゲート・イノベーションを用いる 新しい測定基準をデザインする
⑨環境持続可能性という 　難題に取り組むこと	「厄介な問題」に取り組む 効率をめざしてデザインする 自然からデザインのヒントを得る 「よいデザイン」を追求する アイデアを上方に流す ステージゲート・イノベーションを用いる
⑩戦略と 　カスタマーエクスペリエンスを 　整合させること	デザインマネジメントを社内でおこなう クリエイティブ・メタチームを編成する 「コンサーティーナ方式」で協力する アイデアを上方に流す ブランドトレーニングを導入する 会議にデザインの席を加える

推薦図書

マネジメント **CLOSING THE INNOVATION GAP,** Judy Estrin (McGraw-Hill, 2008). 企業家である著者のエストリンは、ビジネス、教育、政府の前には問題が山積し、イノベーション能力が大きく損なわれていると言う。そして、地球全体の創造性を持続可能なイノベーションの「生態系(エコシステム)」によって復活させることを熱く呼びかける。彼女いわく、欠けているのは、研究、開発、応用の活発な相互作用だ。イノベーションリーダーたちとのインタビューを多数収録。

DESIGN MANAGEMENT, Brigitte Borja de Mozota (Allworth Press, 2003).(『**戦略的デザインマネジメント**』ブリジット・ボージャ・ド・モゾタ／同友館) フランスの研究者ド・モゾタは、ＢＭＷ、ナイキ、ソニー、ダイソンなど、37社のケーススタディを集め、中核事業(コアビジネス)活動としてのデザインマネジメントへの関心が高まっていることを明らかにした。デザインマネジャーの経験もあるド・モゾタは、こうした研究から最良事例(ベストプラクティス)を抽出し、才能を価値に転換するさまざまな方法論を提示する。

THE FUTURE OF MANAGEMENT, Gary Hamel (Harvard Business School Press, 2007).(『**経営の未来**』ゲイリー・ハメル、ビル・ブリーン／日本経済新聞出版社) 経営学教授のハメルが信頼性の高い近代経営管理論を展開する。彼によれば、世界はつぎの大きな経営管理イノベーションへの準備が整っており、これを達成するために従来型の思考という鎖を振りほどかなければならない。グーグルやＷ・Ｌ・ゴア（ゴアテックスの製造元）といった革新的な企業から数々の例を引き、そ

の刺激的な論点を説明している。

INNOVATION AND ENTREPRENEURSHIP, Peter Drucker (Harper & Row, 1985).(『**イノベーションと企業家精神**』P・F・ドラッカー／ダイヤモンド社）イノベーションを、経営の焦点とすべき体系的な分野として提示した最初の本。ドラッカーは、起業家精神はどの組織でも発揮できるばかりか、組織の存続に不可欠だとする。デジタル革命と期を同じくして登場した本だが、ドラッカーのほかの著書と同じく、年を経ても色褪せていない。

LEADING THE REVOLUTION, Gary Hamel (Plume, 2002). (『**リーディング・ザ・レボリューション**』ゲイリー・ハメル／日本経済新聞社）　ハメルは革命家志望者たちに出動命令を発している。革新的な製品をひとつふたつ開発するだけでは足りない。21世紀には絶え間ないイノベーションの状態を、製品だけでなくビジネスモデル全体で創り出す必要があるのだ、と。イノベーションはベストプラクティスとなったとたん、威力を失うという。「差異化されていないということは、戦略的でないということだ」。企業のあらゆる階層に潜む活動家たちに強くお薦めする。

MOBILIZING MINDS, Lowell Bryan and Claudia Joyce (McGraw-Hill, 2007).　もしあなたが原則ではなく具体的な方策を求めるなら、この本はあなた向きだ。ただし、市場でテスト済みの方策がお望みなら、ここで紹介されるアイデアを実行するのは不安かもしれない。

そのアイデアとは、組織構造の極端なフラット化、現場のマネジャーへの戦術的な決定権の委譲、統合型企業(ワン・カンパニー)としてのガバナンスと文化、人材の市場(タレントマーケットプレース)などだ。個人的に、こうしたアイデアは新鮮で、デザインフル・カンパニーに適していると思う。

OUT OF THE CRISIS, W. Edwards Deming (The MIT Press, 2000). 1982年初版発行の、デミング博士による事業変革の方法を記した本。有名なマネジメントの14のポイントを基盤としている。リーダーシップを審査する際は、四半期の配当だけでなく、ビジネスを継続させる革新的なプランも基準とすべきだとする。以下は博士の指示の一部だ――短期的な対応のかわりに長期的な計画を導入すること、社員が働きやすくなるように不安を取り除くこと、部門間の壁を撤廃すること。

REVOLUTIONARY WEALTH, Alvin and Heidi Toffler (Knopf, 2006).(『**富の未来(上・下)**』アルビン・トフラー、ハイジ・トフラー／講談社) 未来を垣間見ようとするなら、トフラー夫妻を無視するわけにはいかない。旧著である『未来の衝撃』『第三の波』『パワーシフト』(いずれも中公文庫)は、デジタル世代を予見するものだった。この本で示されるのは、工業化時代の経済では21世紀の富を理解しきれないということだ。「生産消費(プロシューミング)」によって、富の測定・創出・操作の方法はやがて根本的な変化を強いられるという。

クリエイティブ思考	**HARE BRAIN, TORTOISE MIND**, Guy Claxton (The Ecco Press, 1999). ビジネス界の人間はたいて

い、素早く決断するほうが「ひと晩寝かせる」より好き
だ。ただ最近の調査によると、（厳密さや確実性より）忍
耐と混乱こそ、英知の本質的な要素であるらしい。クラ
クストンは結果重視の問題解決法を見直すよう勧める。
優先すべきは、「ウサギの脳」の安直な速さではなく、
「カメの心」の悠然とした直観だ。

HOW THE MIND WORKS, Steven Pinker (W. W. Norton & Company, 1999).（『**心の仕組み（上・中・下）**』スティーブン・ピンカー／NHKブックス）　ピンカーは脳と認知心理学の分野を代表する人気ライターだ。この本で彼はこう論じている。計算処理理論と自然淘汰理論があいまって、私たちに優れた視力、集団生活、自由に使える手、抜群の狩猟技術がもたらされた。そしてこうした要素のおかげで、芸術、音楽、文学、哲学を理解できるようになったのだ、と。どっしりした大部な本だが、それを軽くするピンカーのユーモア感覚がありがたい。

MANAGING AS DESIGNING, Richard Boland and Fred Collopy (Stanford Business Books, 2004).　フランク・ゲーリーのクライアントとしての個人的な経験をもとに、経営学教授のボーランドとコローピーが、「決定の態度（アティチュード）」と「デザインの態度（アティチュード）」の違いを探る。意思決定は「デザイン」されたときのほうが力強いというのが、ふたりのテーマだ。

THE OPPOSABLE MIND, Roger Martin (Harvard Business School Press, 2007).（『**インテグレーティ**

ブ・シンキング』ロジャー・マーティン／日本経済新聞出版社） マーティンはトロント大学ロットマン経営大学院の学長で、ビジネス戦略におけるデザイン思考の熱心な主唱者だ。「向き合える心(オポーザブル・マインド)」は「他の指と向き合える親指(オポーザブル・サム)」に似て、困難な問題がはらむ対立や緊張をリーダーが把握し、解決できるようにする。その際に使われるのが、「統合思考(インテグレーティブ・シンキング)」というモデルだ。マーティンはこうも言っている。「独創性を伴わない熟練は機械的手順」となり、逆に「熟練を伴わない独創性は、でたらめとはいわないまでも、当てにならない」。

THE RISE OF THE CREATIVE CLASS, Richard Florida (Basic Books, 2003).(**『クリエイティブ資本論』**リチャード・フロリダ／ダイヤモンド社） ソーシャルプランナーのフロリダはこう断言する。科学者、エンジニア、建築家、教育者、作家、芸術家、企業家ら、3,800万人のクリエイティブ階級(クラス)こそが、職場の未来に深い影響を与えている、と。彼がクリエイティブ・クラスに求めるのは、社会的な地位を主張し、公共の利益を向上させる責任を負うことだ。

THE SCIENCES OF THE ARTIFICIAL, Herbert Simon (The MIT Press.1996).(**『システムの科学』**ハーバート・A・サイモン／パーソナルメディア） 初版が刊行されたのは40年前だが、サイモンの思想はいまなお驚くほど新鮮かつ刺激的だ。この本で彼は、複雑性の構造とデザインの科学を探究していく。また、カオス、適応システム、遺伝的アルゴリズムといったテーマに取り組み、複雑なシステムの本質に対する理解を深める。

若干難解だが、デザイン思考や人工知能に興味のある人なら読んで損はない。

A WHOLE NEW MIND, Daniel Pink (Riverhead Trade, 2006).(『**ハイ・コンセプト**』ダニエル・ピンク／三笠書房)　ピンクによれば、未来における成功のカギは6つの右脳的な感性だという。つまり、デザイン、物語、調和、共感、遊び、意義(生きがい)だ。こうした感性を必要としない仕事は、アウトソースされるかオートメーション化される。印象に残るピンクの言葉をふたつ引いておこう。「MFA(美術学修士)は新たなMBA(経営学修士)である」「意義は新たな富である」

ブランディング　**THE BRAND GAP**, Marty Neumeier (New Riders/AIGA, 2003).(『**ブランドギャップ**』マーティ・ニューマイヤー／トランスワールドジャパン)　私のホワイトボード式概説本の第1弾である本書は、企業がビジネス戦略とカスタマーエクスペリエンスのギャップを埋める方法を示したものだ。具体的にはブランド構築を5つの原則——差別化、協力、革新、検証、育成を含むシステムとして定義づけている。第2弾の『ザグを探せ！』と同じく、「機内本」の形にデザインしてあるので2時間で読めるし、参照ツールにしてもいい。後出の *THE DICTIONARY OF BRAND* の全項目を再録した第2版がお薦めだ。

DESIGNING BRAND IDENTITY, Alina Wheeler (John Wiley & Sons, 2006).　ブランドが本当に差別化されるのは、その個性が接点(タッチポイント)を通じて可視化されて

からだ。ウィーラーのこの本は、トレードマークをはじめとするグラフィックコミュニケーションの成功列を示し、世界的な企業がひしめく現実の世界で戦略と創造性を両立させる方法を的確に描く。必須の参照ツールであり、ここで設定される水準は当然ながら、きわめて高い。最新の第3版を探そう。

THE DICTIONARY OF BRAND, edited by Marty Neumeier (AIGA, 2004). ポケットサイズの本で、Amazonでのみ入手できる。デザインの職能団体、AIGA（全米グラフィックアーツ協会）刊行の、よく使われるブランド用語を「規定」した初めての本だ。定義について合意を得るため、私は経営、広告、市場調査、ビジネス出版、デザインの各分野から10人のソート・リーダーを集めて審議会を編成した。この本に収録された定義は *THE BRAND GAP* の第2版でも参照できる。

ZAG, Marty Neumeier (New Riders/AIGA, 2007). (『**ザグを探せ！**』マーティ・ニューマイヤー／実務教育出版）　『ブランドギャップ』では5つの原則の概略を説明したが、この本では、そのルールのひとつめ、過激な差別化を掘り下げている。横並び商品と即時的コミュニケーションの時代に成功する企業は、ポジション、作戦、デザインで競合他社を上まわる企業だ。ルール？みんながジグなら、あなたはザグで。

エコデザイン　**BIOMIMICRY**, Janine Benyus (Harper Perennial, 2002). (『**自然と生体に学ぶバイオミミクリー**』ジャニン・ベニュス／オーム社）　自然はもっとも偉大なデザ

イナーであり、新たな産業エコロジーにふさわしいモデルだ。時の試練を経た自然の発明を模倣すれば、大きな利益が生まれる可能性があるとベニュスは示唆している。彼女が提案した 10 のレッスンは、エコに意識的な企業、文化、経済が、より健全で持続可能性の高い、より豊かな未来を導くために活用できる。

CRADLE TO CRADLE, William McDonough and Michael Braungart (North Point Press, 2002). (『**サステイナブルなものづくり**』ウィリアム・マクダナー、マイケル・ブラウンガート／人間と歴史社） 製品の有用寿命が尽きるときに何か新しいものの栄養となるよう、その製品をデザインできるとしたら？ 「技術的栄養分」を産業サイクルの閉じたループで再循環できるとしたら？ 建築家のマクダナーと化学者のブラウンガートによれば、近年の科学的発見に照らすと、「ゆりかごから墓場まで」式の製造業は無駄が多いどころか、不必要である。このトピックの今後を左右する重要な 1 冊。

DESIGN AND THE ELASTIC MIND, Hugh Aldersey-Williams et al. (The Museum of Modern Art, 2008). 頭の柔軟さが試されるこの本は、パオラ・アントネッリがキュレーターを務めたニューヨーク近代美術館（MoMA）の有名な展覧会の書籍版だ。これを見ると、デザイナーは最近のテクノロジーの進歩を、驚異的な物やシステム、ありうべき未来に変換できるのだとわかる。腰を抜かさないように。

THE ECOLOGY OF COMMERCE, Paul Hawken

(Collins, 1994).(『**サステナビリティ革命**』ポール・ホーケン／ジャパンタイムズ)　スミス&ホーケンのガーデニング用品帝国を支えた人物は、従来型の資本家ではない。経済システムの改革運動をつづけるホーケンは、こう提案する──省力化の加速をやめよう。他人の環境を悪化させるのは慎もう。ほかの種の生息場所を乗っ取って彼らを追い払うのは避けよう。1994年には彼のメッセージを受け入れる準備ができていなかったウォール街も、いまは耳を傾けている。

美学

FROM LASCAUX TO BROOKLYN, Paul Rand (Yale University Press, 1996).　グラフィックデザイン界きっての博識家だったランドは、死ぬ直前の1996年に発表したこの本で、より優れた美学の必要性を強く訴えている。ここに示されるのは、ラスコー洞窟の壁画その他の不朽の芸術作品が、時代、場所、目的、スタイル、ジャンルを超越した普遍性をそなえている理由だ。ランドは自身の作品を例として、デザイナーが現代の世界にそうした普遍性を組み入れるにはどうすればいいかを説明する。

THE LAWS OF SIMPLICITY, John Maeda (The MIT Press, 2006).(『**シンプリシティの法則**』ジョン・マエダ／東洋経済新報社)　著名なデザイナーでマサチューセッツ工科大学教授のマエダが提示するのは、ビジネス、テクノロジー、デザインの改善を目的とした、シンプルさと複雑さのバランスをとる10の法則だ。彼は「多ければ多いほうがいい」という考え方がカスタマーエクスペリエンスの質を損ない、ビジネス運営を過剰に

複雑化していることを証明してみせる。法則 10「シンプリシティは、自明なものを取り除き、意味あるものを加えることにかかわる」

MARKETING AESTHETICS, Bernd H. Schmitt, Alex Simonson (Free Press, 1997). (『**「エステティクス」のマーケティング戦略**』バーンド・シュミット、アレックス・シモンソン／プレンティスホール出版）『経験価値マーケティング』(ダイヤモンド社）の前著にあたるこの本で、シュミットとシモンソンはブランド論の第一人者とされるデービッド・アーカーのテーマをさらに推し進め、美学〔エステティクス〕（外観や雰囲気）が感情を駆り立てることを示す。ブランドに抗しがたい魅力をもたらすのは何か？ さまざまな状況〔コンテクスト〕に応じて必要とされるスタイルやテーマは何か？ シンボルはどんな意味を伝えるのか？ こうした疑問への答えは、顧客の自然な忠誠心を喚起するうえできわめて重要だ。

協力

CREATING THE PERFECT DESIGN BRIEF, Peter L. Phillips (Allworth Press, 2004). 協力者全員が文字どおり同じ考え〔ページ〕を共有できる実用的ガイドブック。目標と役割を明確に示せなければ、共同プロジェクトは月並みな結果を免れず、失敗することさえある。社内のデザイン部門やクリエイティブなメタチームの構築をめざすデザインマネジャーは、本書の考え方をマネジメントシステムに組み入れるといいだろう。

THE FIFTH DISCIPLINE, Peter M. Senge (Currency, 1994). (『**学習する組織**』ピーター・M・センゲ／

英治出版）　センゲはシステム思考を「第5の学習領域〈ディシプリン〉」として、企業経営論に持ち込んだ。他のディシプリンには、自己能力向上〈マスタリー〉やチーム学習などがある。本書は従業員や経営者にメンタル・モデルを検証するよう勧める。モデルのなかには、最初は組織が成功を体系化するのに役立つものの、その後は市場とともに進化するのを妨げるものがあるからだ。センゲが提示する独自のメンタル・モデルは、典型的なシステム思考に基づいていて、企業がビジネスを全体論的に見ることを助けてくれる。

ORGANIZING GENIUS, Warren Bennis and Patricia Ward Biederman (Perseus Publishing, 1998). (『**「天才組織」をつくる**』ウォーレン・ベニス、パトリシア・ウォード・ビーダーマン／日本能率協会マネジメントセンター）　リーダーシップスキルの専門家ベニスが、組織内のチームワークに秘められた創造力を解き放つ方法を紹介する。このテーマにおける画期的成果で、示唆に富む1冊だ。

PRESENTATION ZEN, Garr Reynolds (New Riders, 2008).（『**プレゼンテーションZen**』ガー・レイノルズ／ピアソン・エデュケーション）　ビジネスが意思決定工場だとしたら、決定に情報をもたらすプレゼンテーションがその質を大きく左右するはずだ。事実の上に事実を、箇条書きの上に箇条書きを積み重ねるだけでは、十分な説得力を発揮することはできない。著者のレイノルズが示すのは、ストーリーを通して考え、デザインの原則を意識的に応用し、それをきわめてシンプルに保つ方法だ。

SERIOUS PLAY, Michael Schrage (Harvard Business School Press, 1999). マイケル・シュレーグは冗談で『まじめな遊び』というタイトルにしたのではない。彼は真剣に、ある協力モデルを採用すべきだと考えている。秘訣となるのは、手っ取り早いプロトタイプを組み立て、イノベーションのための共有スペースとすることだ。シュレーグは読者を右脳の野性的な世界に案内する。そこでは、遊びとまじめは同じもので、まじめに遊ぶ人たちが楽しいこと好きのチームとして機能する。

SIX THINKING HATS, Edward de Bono (Little, Brown and Company, 1985).（『**会議が変わる６つの帽子**』エドワード・デ・ボーノ／翔泳社）　経営幹部たちが組織の将来についてブレインストーミングをすると、議論はたちまち混乱や衝突に陥る。思考スキルの権威、エドワード・デ・ボーノは、一度に１種類の思考方法に絞ると、そのグループで最良のアイデアが生まれることを示している。１回の会議を一連の「帽子」に分けて構成すれば（感情を表す赤い帽子、悪魔の代弁者（デビルズ・アドボケート）の黒い帽子、創造性の緑の帽子など）、言い出す前のアイデアが撃ち落とされることはない。

THE TEN FACES OF INNOVATION, Tom Kelley (Doubleday, 2005).（『**イノベーションの達人！**』トム・ケリー、ジョナサン・リットマン／早川書房）　巨大デザインファーム、IDEO のケリーの意見では、アイデアをつぶす「悪魔の代弁者（デビルズ・アドボケート）」の力は強大なため、イノベーションの擁護者が10人いなければ、その口を封じることはできない。ケリーが提案する擁護者は、フィールド

ワークで顧客の実際の生活を観察する「人類学者」、アイデアと人間、テクノロジーを新たな方法で結びつける「花粉の運び手」、イノベーションの前に立ちはだかる障害物を飛び越える「ハードル選手」などだ。

UNSTUCK, Keith Yamashita and Sandra Spataro (Portfolio, 2004).(『**アンスタック！**』キース・ヤマシタ、サンドラ・スパタロ／ベストセラーズ)　何をやってもうまくいかないときこそ、打開(アンスタック)が必要だ。ストーン・ヤマシタ・パートナーズの創業者と組織行動学の教授が書いたこの本には、コラボレーションを改善するヒントとコツがぎっしり詰まっている。著者たちは、ビジュアル性の高いコミュニケーションスタイルとひと口サイズのアイデアを組み合わせ、楽しく簡単なチーム活性化ツールを創り出した。指導というより示唆に富み、読者に参加している気分を味わわせてくれる1冊だ。

本書の背景

　この『デザインフル・カンパニー』にみなぎるアイデアが形になりはじめたのは、私がニュートロンを立ちあげた 2003 年のことだ。ニュートロンのミッションは「創造的なプロセスの力を解き放ち、ビジネス革命を促す」ことで、私たちはイノベーションワークショップや文化変革プログラム、経営幹部研修コースといった戦略的提案を通じてそれを実現してきた。2009 年、ニュートロンはリキッド・エージェンシーと合併する。どんな規模の企業にもブランド変革(トランスフォーメーション)を実施させることができる、間口の広い会社をつくるためだった。

　新生なった発展型リキッド・エージェンシー（いまやニュートロンのパワーがついている！）は、典型的な「西海岸」会社だ。オフィスはカリフォルニア州サンノゼとオレゴン州ポートランドにあり、世界のほかの地域にあるコンサルティング会社とは雰囲気が違う。仕事の進め方は自由で活気にあふれ、ドライブ感のあるリズムで、プロジェクトがシステムを迅速に流れていく。シリコンバレー生まれだけに、リキッドはデジタル文化に染まっていて、それが先進的な考え方の才能を引きつける。そしてその才能が先進的なクライアントを引きつけてきた。たとえば、インテル、グーグル、カリフォルニア大学、ソニー、プラスチック・ジャングル［訳註：ギフトカード交換サイト］、マイクロソフト、アディダス、シスコシステムズ、アップル、BMW、シマンテック、HP。もちろん、事業のデジタル部門が成功へのカギだと気づく組織はますます増えているので、リキッドのクライアントリストも拡大する一方だ。

　さかのぼって 2004 年、ニュートロンを設立した私は、最初の任務をブランディングを定義しなおすこととした。

ブランディングは当時もいまも、広告やコーポレートアイデンティティ、広報と混同されがちだ。私はこの誤解を正そうとして、最初の著書『ブランドギャップ』を書いた。そこでは、企業のブランドで肝心なのはコミュニケーションではなく、評判(レピュテーション)だと説明している。別の言葉にするなら、あなたが言うとおりのものではなく、みんなが言うとおりのものということだ。ブランドが生きているのは顧客の心のなかであって、企業のマーケティング部門ではない。だから、厳密にいえば、ブランドをコントロールすることはできない。ただし、ブランドに影響を与えることならできる。それには製品やサービスや企業そのものが好意的に評価されるような素材を顧客に示せばいい。

　ニュートロンがこの原則を理解できるようクライアントを手引きしていたとすれば、リキッドはまさにその素材をデザインしていた。その素材とは現代のブランドを築く要素となるものだ。たとえば、優れたブランドアイデンティティ、使いやすいウェブサイト、独創的な製品コンセプト、親しみやすいコミュニケーション、大胆な小売りパッケージなど。これらすべてが統合されると、全体は部分の総和以上のものになる。

　ふたつの会社はたがいにある種の敬慕の念を育み、しだいに気づきはじめた。力を合わせれば、ニュートロンとリキッドは魔法の数学を実現できる、1＋1＝11になるのだと。こうして新生リキッドは、「なんでも屋」や「総合代理店」ではなく、端から端、上から下まで、内も外も徹底的に変革する会社として構想された。

　実践的なことを言えば、変革は1年半の社内ブランドプログラムからはじめるといい。ここには、戦略立案、

トレーニングコース、イノベーション研究、スキル習得ラボ、ワークショップ、チーム活動促進ファシリテーションといった、変化のレバーが含まれる。あるいは、いきなりプログラムを実施する前に、1日のワークショップ程度からはじめるのもいいだろう。どちらの場合も、リキッドの役割は基本的に同じ、企業とブランドを現在の状態から好ましい状態へ、ありふれた状態から突出した状態へと変えることだ。

　詳しい情報とフリーのブランドツールをお求めの方は、www.liquidagency.com へ。

謝辞

　このプロジェクトを始動させたとき、私は無謀にもひとりで枝の上を歩きだしたような心境だった。だが終わりごろには、何百人もの人が一緒にいてくれて、枝も全員を支えられるほど頑丈に育っていることに気づいた。ここでその1人ひとりにお礼を述べることはできないが、本書に特別な影響をもたらしてくれた数十人の方の名前は挙げておきたい。

　まずは、おそらく20世紀のもっとも偉大なプリントメディアのコミュニケーター、ポール・ランド。10年以上前になるが、彼は生前、ビジネスにおける美学の役割を擁護するよう私の意欲をかき立ててくれた。ランドの同僚だったヒュー・ダバリーにも、スタンフォード大学でサイバネティクスの講義を聴かせてくださるなど、数々のご厚意に対して謝意を表したい。スタンフォード大学の教授、バニー・バナージーとビル・バーネットにもお礼を申しあげる。ふたりは、ビジネスとデザインを結びつけて世界の「厄介な問題」を解決するというアイデアを惜しげもなく話してくれた。トロント大学ロットマン経営大学院の学長、ロジャー・マーティンにも感謝しなければならない。彼はビジネス思考とデザイン思考の比較について知恵を貸してくれた。そして、デザインファームIDEOのゼネラルマネジャー、トム・ケリー。彼は私の第1作以来の心優しい友人であり、いつも味方でいてくれる。

　プロダクトデザイナーのサム・ルセンテ、マーケティングエグゼクティブのゲイリー・エリオット、ビジネスコンサルタントのデイビッド・ベーカー、インターナルブランドの専門家スーザン・ロックライズといった同業者たちとの会話は、私の宝物となっている。「間違った

考えをいだく」ことに気づかせてくれた、C2 のジョン・ビーレンバーグとグレッグ・ガルにも心からの感謝を。ジェットブルー・ブランドの立役者として、その離れ業を語ってくれたエイミー・カーティス-マッキンタイアにも深く感謝している。大西洋を越えてハグしたいのは、デイビッド・スチュアート。彼はロンドンにあるパートナーズの創業者で、いつもデザインやコミュニケーション、さらに人生全般について考えるヒントを与えてくれる。そして私のいちばん古い友人で投資アドバイザーのポール・ポリート、雨の日も晴れの日もそばにいてくれて、ありがとう。友人で文筆家仲間のアリーナ・ウィーラーのことはいつまでも忘れない。私がこの本について余計なことまで考えはじめると、彼女は「とにかく書き進めること」とアドバイスしてくれた。

　出版までの道のりは長く、旅の途中で方向を見失いやすい。だからこそありがたいのが校閲者の存在だ。さまざまな袋小路、Uターン、脱線を、彼らが根絶やしにしてくれなかったら、この旅は読者にとって退屈なものになっていただろう。今回、校閲してくれたのは、フレッド・コロービー、モイラ・カレン、ジョン・ガーズマ、トム・ロックウッド、ブルース・ナスバーム、ガー・レイノルズ、マイク・スプリンターといった著名人たち、そしてニュートロンの同僚たちだ。

　第一稿が仕上がってデザインの段階がはじまると、きまって私の胸は高鳴る。ページレイアウトのパートナーはクラウディア・ファングで、彼女は本書のテキストに味わい深さと精度をもたらしてくれた。彼女の補佐を務めたジョッシュ・レビーンは、図版ページのデザインも一部担当してくれている。ジェイミー・エイケンは表紙

のタイポグラフィをデザインしてくれた。ケイシー・アーノルド - インスには、製品デザインの着想を自然界の数学から得ているパックス社を紹介していただいた。また、素晴らしい写真の使用を許可してくれたチャーリー・ヌッチにもお礼を申しあげる。

　3冊の「ホワイトボード本」に熱意をもって取り組んでくれたニュー・ライダーズとピーチピットのチームにも感謝している。なかでもプロジェクトエディターのマイケル・ノーランには格別の謝意を捧げたい。彼は2001年にこのシリーズを企画する力となり、揺るぎないサポートをつづけてくれた。デイビッド・ヴァン・ネス、リズ・ウェルチ、レベッカ・プランケット、サラ・ジェーン・トッド、ナンシー・ルエンツェルには、プロとして黙礼を。そして手際のよさと豊富な経験を活かして貢献してくれた私の代理人、エズモンド・ハームズワースにも感謝する。

　最後に、家族に礼を言いたい。そもそもこの本が存在するのは母のおかげだといえる。早い時期からアートとイノベーションに興味をいだく道を切り開いてくれたからだ。また、金融と投資を平易な英語に翻訳する才能で大いに助けてくれた弟や、料理への情熱で家族を楽しませてくれた娘のおかげでもある。そして誰よりも、歴史と文学の家庭教師を務めてくれただけでなく、おたがいの成功であってもつねに私を立ててくれる妻のおかげである。

> この度はお買上げ
> 誠に有り難うございます。
> 本書に関するご感想を
> メールでお寄せください。
> お待ちしております。
> info@umitotsuki.co.jp

デザインフル・カンパニー

2012年4月17日　初版第1刷発行

著者	マーティ・ニューマイヤー
訳者	近藤隆文（こんどうたかふみ）
装幀	重原　隆
編集	深井彩美子
印刷	萩原印刷株式会社
用紙	中庄株式会社

発行所　有限会社海と月社
〒151-0051
東京都渋谷区千駄ヶ谷2-10-5-203
電話03-6438-9541　FAX03-6438-9542
http://www.umitotsuki.co.jp

定価はカバーに表示してあります。
乱丁本・落丁本はお取り替えいたします。
©2012　Takafumi Kondo　Umi-to-tsuki Sha
ISBN978-4-903212-34-0